Levantados do Pó

Este livro está composto no tipo de letra Athelas, desenhado por Veronika Burian e José Scaglione.

ISBN: 978-1-923067-25-7

Uma publicação da *Tall Pine Books*
PO Box 42 | Warsaw, Indiana 46581
www.tallpinebooks.com

| 1 25 25 20 16 02 |

Publicado nos Estados Unidos da América

Levantados do Pó

Histórias de Esperança em Moçambique

Steven Lazar

Traduzido de Inglês para Português por Alexandra Cabral

Desde o momento em que conheci Steve e Ros Lazar, em 2001, no nosso Centro Iris em Zimpeto, sabia que eles iriam ser catalisadores para trazer transformação. A sua paixão inabalável e dedicação para melhorar a comunidade local é verdadeiramente inspirador.

Em "Levantados do Pó", vemos a ligação entre esperança, resiliência e amor. Este livro é um testemunho lindo do poder da compaixão e das mudanças extraordinárias que podem acontecer, mesmo nas circunstâncias mais difíceis. A cada página, somos convidados a conhecer o testemunho de vidas transformadas, lembrando-nos que, mesmo perante adversidade, existe sempre um caminho para a transformação.

"Levantados do pó" não é apenas uma história. É uma celebração do espírito humano e da alegria que pode surgir das cinzas das dificuldades.

Recomendo de todo o coração esta leitura inspiradora a todos aqueles que procuram inspiração e um entendimento mais profundo do potencial para mudança que reside em todos nós. Prepare-se para ser tocado, inspirado e cheio de esperança!

Através da sua dedicação, Steve e Ros Lazar tiveram um impacto profundo na melhoria e fortalecimento de comunidades e indivíduos. O seu trabalho, particularmente no Centro Iris em Zimpeto, tem promovido a transformação, ao oferecer oportunidades educativas, cuidados de saúde e orientação espiritual. Eles inspiram esperança e resiliência ao ajudar as pessoas a superar circunstâncias difíceis e a melhorar a sua qualidade de vida. Os seus esforços trouxeram mudanças duradouras, cultivando um sentido de comunidade e de pertença. Através da sua compaixão e compromisso, os Lazar desempenharam um papel importante na transformação de vidas e inspiraram outros a participar também nessa mudança significativa. O Centro Iris em Zimpeto continua a ser uma instituição crucial, dedicada a apoiar crianças e famílias vulneráveis na comunidade.

PASTOR SURPRISE SITHOLE
Autor de "Voice in the Night" (Voz da Noite)
Co-Fundador do Iris Global

É uma grande honra recomendar este livro. Fico muito feliz que o Steve e estes jovens tenham decidido escrever e partilhar algumas das suas incríveis histórias sobre a graça e o poder de Deus, das quais fizeram parte e testemunharam em Moçambique. Desde as planícies do Limpopo até a nascente do Nilo e além, África é um vasto continente, povoado por multidões que têm experimentado grandes sofrimentos e dificuldades. Desde a calamidade da escravatura, que perdurou por séculos, até às adversidades dos dias atuais, como guerras, corrupção, doenças e desnutrição, as necessidades de África são imensas e urgentes.

Deus chamou Steve e Ros Lazar de uma terra distante para irem para Moçambique, onde se uniram a um ministério notável, fundado por Heidi e Rolland Baker em Maputo. Deixaram para trás os confortos do seu belo país de origem, a Austrália, e entraram num novo mundo, marcado pela adversidade e dor, para trabalhar com comunidades deslocadas pela guerra, famílias devastadas pela SIDA e inúmeros órfãos. Provérbios 25:25 diz: "Como água fresca para a garganta seca sedenta, assim é a boa notícia que chega duma terra distante."

De uma terra distante, da Austrália, Deus trouxe os Lazar para as almas cansadas de Moçambique. Muitos foram renovados e transformados pelas boas novas do Evangelho através do seu ministério. Colocaram as mãos ao arado e nunca olharam para trás.

Steve e Ros dedicaram as suas vidas a pessoas rejeitadas, esquecidas e consideradas insignificantes pelos padrões do mundo, mas que são profundamente preciosas aos olhos do Pai. Movidos únicamente pela compaixão e pelo amor de Deus, abraçaram os não amados e viveram ao seu lado durante quase três décadas. Investiram os seus recursos, tempo e energia para ver estes jovens crescerem, superarem as suas circunstâncias e alcançarem o potencial de Deus para eles: vidas curadas por Jesus.

Este livro está repleto de histórias únicas e maravilhosas, vidas tocadas e transformadas pela graça de Deus e pelo incansável trabalho de muitos missionários, pastores e visitantes. Que este livro seja um testemunho para as gerações futuras do que Deus pode fazer... levantados do pó.

LUÍS CABRAL D.MIN
Pastor Principal da Igreja Australia for Christ, Austrália

Cada história deste lindo livro vai prender o seu coração e fazê-lo admirar ainda mais o nosso Pai Celestial. O livro *Levantados do Pó*, de Steve Lazar, reúne histórias de décadas de trabalho de um verdadeiro missionário em Moçambique. Cada um de nós, no corpo de Cristo, vai ser encorajado ao ler testemunho após testemunho do amor de Jesus que resgata os perdidos e esquecidos deste mundo, os quais o nosso Pai Celestial vê individualmente.

Obrigado, Steve e Ros Lazar, e ao Iris Global, por amarem ao longo de uma vida e responderem ao chamado de Deus.

Que todos nós possamos responder a esta chamada para discipular as nações.

JOHN ARNOTT
Fundador do Catch the Fire World e Toronto

Índice

Heidi Baker

APÓS ESTARMOS HÁ trinta anos em Moçambique, o Rolland e eu podemos dizer com toda a confiança que não se encontram missionários como o Steve e Ros Lazar com facilidade. Quando os convidamos para trabalhar com o Ministério Iris, estávamos desesperadamente a precisar de mais ajuda. Precisávamos de apoio na área da administração, de ministrar às pessoas, e apoio emocional... básicamente, precisávamos de ajuda com tudo! Precisávamos especialmente de ajuda para gerir o nosso centro de crianças em Zimpeto, Maputo, a cidade capital. Havia inúmeras crianças a viver nas ruas e nas lixeiras, e como queríamos acolher o maior número possível de crianças, o trabalho estava a aumentar cada vez mais. Todos os dias, íamos para além das nossas capacidades. Não tínhamos muita coisa planeada com antecedência, mas acreditávamos que Deus iria cuidar de nós. Uma das melhores coisas que Deus fez por nós foi enviar o Steve e a Ros.

O primeiro compromisso que eles fizeram com o ministério Iris foi ficar durante um ano. Felizmente para nós, eles não voltaram para casa. Já se passaram décadas desde então, e têm estado connosco no Iris desde sempre. Sob a sua liderança, o centro em Zimpeto tem sido um verdadeiro oásis de calor humano e discipulado. Seria impossível descrever tudo o que eles passaram, ou todas as coisas maravilhosas que fizeram e testemunharam, e estamos muito felizes por termos feito parte do percurso deles. As dificuldades têm sido muitas, mas apesar de tudo, o Steve e a Ros continuaram a ser das pessoas mais tenazes e optimistas que já alguma vez conhecemos. Vi-os lidar com praticamente todo o tipo de desafios, mas sempre com humildade, e ainda hoje me impressiona a forma como o Steve parece sempre encontrar uma solução pacífica, mesmo nas situações mais caóticas. Por mais sombrias ou desesperadas que as coisas possam parecer (e às vezes são mesmo!), ele consegue sempre fazer-nos rir. Isso tem sido inestimável.

O Steve e a Ros sempre partilharam verdadeiramente o nosso coração para ajudar os necessitados, para ajudar a pessoa que está à nossa frente, e isso tem sido o mais importante. Sempre tiveram um desejo muito especial de conhecer e amar cada criança individualmente. Nós sempre pregamos que não precisamos de resolver os problemas do mundo todo, só precisamos de estar dispostos a prestar atenção àqueles que Deus coloca à nossa frente hoje. Ajudar aqueles que Ele nos envia para amar aqui e agora. Foi exatamente isso que o Steve e a Ros sempre fizeram. Acredito que eles são um dos maiores exemplos no Ministério Iris ou em qualquer outro lugar, no que toca a esta atitude. Nos capítulos seguintes, irão ler algumas das histórias poderosas, de vidas que foram tocadas por eles.

O título deste livro vem do Salmo 113:7-8: "Ele levanta do pó o necessitado e ergue do lixo o pobre, para fazê-los sentar-se com príncipes, com os príncipes do seu povo." Muitas das pessoas de que o Steve fala não tinham quaisquer posses, além daquilo que conseguiam apanhar nos montes de lixo queimado."- Deus chamou Steve e Ros para as ajudar. Eles dedicaram toda a sua vida a responder a esta chamada. Mas estas não são histórias àcerca da generosidade das pessoas do mundo ocidental. São histórias de jovens que nos deram mais a nós do que jamais lhes poderíamos dar. As suas vozes merecem ser ouvidas. Uma coisa que posso dizer, após ter vivido ao lado deles tanto tempo, é que estes irmãos e irmãs moçambicanos são as pessoas mais fortes e determinadas que já encontrei neste planeta. Muitos deles passaram por coisas inimagináveis, mas conseguiram ultrapassar tudo pela graça de Deus. Poderiam fácilmente ter escolhido o caminho da amargura, mas não o fizeram. Eles ensinam-nos sobre o perdão, a esperança e a fé pura.

Se os ouvirmos com um coração aberto, é quase impossível não nos sentirmos motivados a viver com mais amor, bondade e misericórdia em cada dia que Deus nos dá nesta terra. Muitas das crianças que cuidamos desde o início continuam a florescer, muitas têm agora carreiras profissionais e as suas próprias famílias. Outras ainda estão a lutar contra as tempestades da vida numa nação difícil, onde há muitos perigos e tentações. Oramos por elas constantemente. A esperança de vida continua a ser mais curta em Moçambique do que no Ocidente, e algumas dessas crianças já terminaram a sua corrida nesta terra. Uma das maiores alegrias que esperamos verdadeiramente ter no céu é poder reencontrá-las. A nossa esperança é firme. Sabemos que elas já estão a desfrutar de uma felicidade que ainda não conseguimos imaginar. Aqui neste mundo, tudo passará, mas elas já entraram nas riquezas da casa do nosso Pai. À medida que o leitor vai acompanhando a vida destas crianças, oramos para que também seja fortalecido e se sinta ainda mais motivado pelo amor de Deus a ajudar quem está necessitado.

DRA. HEIDI BAKER

Co-Fundadora e Presidente do Concelho, Iris Global

PREFÁCIO

QUANDO DISSE À minha esposa Ros que estava a escrever um livro, ela sugeriu o seguinte título: "Um livro escrito por um homem que não lê."

Só me lembro de ter tido um sonho significativo na minha vida duas vezes. O primeiro foi em 2008, quando houve problemas na nossa base. Enquanto pensávamos e orávamos sobre o que fazer, sonhei com a construção de uma sala de oração e uma nova igreja. Quando acordei na manhã seguinte, desenhei uns planos, que foram entregues a um arquiteto. Um ano depois, a sala de oração foi inaugurada e, em 2022, terminámos e dedicámos a nova igreja.

Mais do que uma vez, amigos nossos sugeriram a mim e à Ros que escrevêssemos um livro sobre as nossas experiências em Zimpeto. Em 2022, voltei a sonhar em escrever um livro. O Senhor deu-me imediatamente o título e o tema sobre o qual o livro deveria ser baseado.

O título deste livro vem do Salmo 113:7-8: "Ele levanta do pó o necessitado e ergue do lixo o pobre, para fazê-los sentar-se com príncipes, com os príncipes do seu povo." Daí a escolha do título deste livro: "Levantados do Pó".

Tem sido um privilégio e uma honra para mim e Ros servirmos como missionários voluntários no Iris Global Zimpeto (anteriormente conhecido como Iris Ministries) em Maputo, Moçambique, desde 2001.

Num país tão pobre como Moçambique, existem muitas organizações humanitárias que fornecem regularmente alimentos, roupas e suprimentos. Existem também grandes campanhas de evangelismo e cruzadas, onde o Evangelho é pregado. O que nos atraiu para o ministério Iris Global foi o facto de eles fazerem ambas as coisas. Alimentam os famintos, vestem os que não têm roupa, acolhem os sem-abrigo, cuidam dos doentes e, ao mesmo tempo, partilham as boas novas de Jesus. Isto é o Evangelho em ação. Jesus é a recompensa e o prémio.

Inicialmente, a Ros e eu fomos para Moçambique para ajudar durante um ano, e agora já se passaram vinte e quatro anos. O trabalho missionário e o serviço aos pobres não é uma corrida de velocidade, é uma maratona.

A recompensa de servirmos a longo prazo é podermos ver os frutos valiosos que têm sido produzidos: crianças famintas que foram alimentadas, instruídas, tratadas, restauradas, cuidadas e amadas de volta à vida."

Este livro é uma compilação de apenas algumas das histórias dessas crianças, que são agora homens e mulheres que estão a "correr a corrida da vida". Em Apocalipse 12:11, diz: "Eles o venceram pelo sangue do Cordeiro e pela palavra do testemunho que deram." Os capítulos seguintes deste livro são testemunhos vivos deste versículo. Muitas destas vidas têm sido extremamente difíceis e traumáticas. Tinham boas razões para "desistir", mas por causa de Jesus e do que Ele fez na cruz, e nas suas vidas, eles venceram.

As histórias foram escritas ou ditadas pelos próprios jovens (homens e mulheres). As histórias contêm "as suas próprias" palavras, por isso existem diferenças entre os termos usados pelos autores quando estes se referem a certas pessoas. Por exemplo, os termos Mana/Mano e Mamã/Papa são usados alternadamente: ambos os termos são usados para se referirem a alguém com respeito e carinho. Da mesma forma os autores usam nas suas histórias nomes diferentes para se referirem a organisações ou pessoas.

Por exemplo, a Ros é às vezes chamada Mana Rosa, e a Heidi é chamada Mamã Aida. Como o ministério Iris mais tarde tornou-se Iris Global, ambos os nomes são usados nas histórias. Foram eles que escolheram incluír certos detalhes, alguns dos quais são bastante explícitos e aconteceram em alturas difíceis, outros são mais generalizados. Algumas histórias são breves, enquanto que outras são mais longas.

Era importante que a história fosse deles, e não a minha própria interpretação ou análise. Não corrigi o formato das histórias, para preservar a perspetiva dos autores.

Estes jovens estão a fazer tudo aquilo que todos gostamos de fazer na vida – ter uma educação, casar, estudar, encontrar um trabalho, ganhar dinheiro e servir a Deus na sua comunidade e na sua área de influência.

Como na história da ressurreição de Lázaro, Jesus é quem faz o milagre, e nós temos o privilégio de remover as ligaduras do túmulo. Como eu costumo dizer: a única diferença entre mim e aqueles a quem servimos em Moçambique é o lugar onde nascemos.

Juntamente com as histórias deste livro, há muitos outros jovens que não estão "a alcançar o seu potencial". Apesar de terem tido a mesma oportunidade, não aproveitaram os benefícios e as oportunidades que lhes foram oferecidas. Alguns recusaram-se a ir à escola e não estudaram, e muitos não aceitaram ajuda. Quando saíram da nossa base, deixaram Jesus no portão da entrada e decidiram viver as suas vidas à maneira deles, mas nós continuamos sempre lá para eles, com um sorriso, um abraço, uma refeição, roupa, e uma oração.

Houve também aqueles que chegaram ao Centro doentes, desnutridos e maltratados, os quais amámos até à morte, entregando-os nos braços de Jesus. Thabo, Inácio, Helena, Naftal, Benedita, Jimmy, Percina e Zulfa são alguns daqueles que partiram demasiado cedo para o Céu. Para quem lê este livro estes são apenas nomes, mas para nós (e para Jesus) estas crianças eram preciosas, as quais nós amámos de todo o nosso coração. Verdadeiramente eles estão num lugar "melhor.

Lembro-me claramente da Helena, que chegou até nós quando era uma menina pequena. Foi rejeitada pela sua família devido a uma infecção crónica. Durante os seus 12 anos connosco, o seu grande desejo era poder receber visitas e poder visitar a sua família. A família da Helena nunca a visitou, embora tenham demonstrado grande emoção no seu funeral. Ela faleceu no Hospital duma meningite cerebral. As nossas crianças oraram pela sua recuperação, mas ela morreu uma morte muito dolorosa.

Os diversos desfechos — sucesso, decepção, tragédia, dor no coração — refletem a realidade daqueles cujo coração é amar como Jesus amou.". Contudo, celebramos os sucessos, e isso ajuda-nos a lidar com as dificuldades inevitáveis que vamos encontrando ao longo do caminho.

Em João 16:33 diz: "Eu lhes disse essas coisas para que em mim vocês tenham paz. Neste mundo vocês terão aflições; contudo, tenham ânimo! Eu venci o mundo."

Este livro celebra os sucessos deles. Celebra a determinação daqueles que tinham todas as razões para desistir, mas que decidiram seguir em frente e estão a colher uma grande recompensa. Acima de tudo, é um testemunho da bondade maravilhosa de Deus.

AGRADECIMENTOS

Quando olho para trás na minha vida, tenho tantas razões para estar grato a Deus.

Tanto eu como a Ros crescemos em lares cristãos. Os nossos pais educaram-nos nos caminhos do Senhor, o que nos deu uma base sólida para encontrarmos o nosso próprio caminho.

Agradecemos a Deus por nos ter dado tantas oportunidades maravilhosas ao longo das nossas vidas e por termos experimentado a Sua bondade. Temos tentado não ser apenas "ouvintes" da Sua Palavra, mas "praticantes", como as Escrituras nos encorajam a ser. Essa obediência levou-nos a viajar por todo o mundo. O nosso percurso tem sido uma grande alegria.

Eu e a Ros fomos tocados pelo movimento carismático que veio sobre a Austrália nas décadas de 1970 e 1980. Nós experimentámos um outro lado de Deus durante esses anos.

Fazer parte do Spirit Alive Ministries (agora chamado Australian Prayer Network) teve uma grande influência nas nossas vidas. De 1984 até 1995, juntámo-nos aos intercessores de toda a Austrália em oração pelas cidades, vilas, igrejas e líderes das comunidades. Começámos a aprender o que significava viver pela fé, estarmos "totalmente disponíveis e a sermos radicalmente obedientes", como o nosso líder Brian Pickering nos lembrava todos os meses. Agradecemos ao APN por tudo o que nos ensinaram.

Em 1995/96, durante um intercâmbio de ensino em Toronto, no Canadá, juntámo-nos ao que na altura era chamado 'Reavivamento' do Toronto Airport Christian Fellowship (agora designado Catch the Fire). Apaixonámo-nos por Deus o Pai de uma forma nova e fresca. Toda a nossa família foi tocada, e isso levou-nos ao caminho das missões. Estamos gratos ao John e à Carol Arnott, e ao Peter e à Heather Jackson por nos terem ensinado sobre Deus como um Pai amoroso. Foi lá que ouvimos a Heidi e o Rolland Baker (os nossos fundadores) pela primeira vez."

Continuamos a regressar à igreja em Toronto todos os anos para absorver, recordar e desfrutar do depósito de Deus que se encontra lá.

Agradecemos à Heidi e ao Rolland por terem sido um modelo para nós sobre o que significa ser um missionário, amar os pobres e partilhar o Evangelho. Obrigado por confiarem em nós o suficiente para nos deixarem liderar a base em Zimpeto em 2003. Nós honramos-vos e amamos-vos do fundo dos nossos corações.

Agradecemos à Igreja na Australia que nos enviou, a Vision Church em Canberra, que há 25 anos, após a nossa primeira visita, continua a apoiar-nos financeiramente, em oração e também a enviar equipas regularmente. Queremos que saibam que, para nós, vocês são família. Obrigado por nos receberem tão bem quando estamos convosco.

Agradecemos aos pastores fundadores, Peter e Judy Thompson, que sempre nos incentivaram no nosso percurso e nos impulsionaram para o nosso destino.

Agradecemos à nossa família, amigos, igrejas e escolas que nos têm apoiado, permitindo-nos estar em Moçambique de forma "confortável" ao longo destes anos, sem estarmos sempre preocupados com as finanças e com a provisão. Obrigado a todos os que deixaram a vossa zona de conforto e nos visitaram em Moçambique. A vossa generosidade e amor têm-nos sustentado. Obrigado aos muitos missionários que serviram ao nosso lado. Obrigado por terem deixado as vossas famílias, casas, igrejas, culturas e países para servir a Deus em Moçambique. Não há melhor lugar para estarmos do que aquele onde Deus quer que estejamos. Como a Heidi muitas vezes diz: "Páre e ajude alguém". Vocês verdadeiramente fizeram isso, alguns durante um ano, outros estão connosco desde o início. Obrigado.

Agradecemos aos nossos pastores, líderes e trabalhadores moçambicanos que sempre estiveram ao nosso lado. O fruto do vosso trabalho são os testemunhos que lemos neste livro. Quero agradecer ao Administrador Nacional do Iris Global, Francisco Mandlate, que tem sido um amigo, mentor e um homem sábio. Eu disse muitas vezes: "Francisco, se tu saíres, nós saímos!!!" Você é um pilar de força, conhecimento e sabedoria.

Queremos agradecer à nossa família que sacrificou tanto. Por vezes não estivemos presentes em casamentos, nascimentos, funerais e muitas atividades familiares enquanto servíamos em Moçambique. Obrigado por entenderem, por nos amarem, por sempre nos receberem bem e pelas muitas "cartas de despedida no avião", que nos trouxeram lágrimas aos olhos, e por estarem sempre disponíveis para nós.

Agradecemos aos nossos filhos Liz e Pete (e às suas famílias) por terem feito parte do nosso percurso durante algum tempo, o que nos trouxe muita alegria. Os vossos anos connosco em Moçambique, as vossas visitas desde então, e o vosso apoio incondicional e a paixão pelos pobres, têm-nos encorajado e impulsionado a continuar. São várias as razões pelas quais vocês não puderam continuar connosco neste percurso.

Quero agradecer à minha esposa Ros, pois este não é um percurso que eu gostaria de ter feito sózinho. A Ros teve uma visão em 1996 de que era a altura para "partir". Temos corrido juntos nesta corrida da vida. Ros, quero que saibas que, apesar de todos os desafios, desde inundações, motins, falta de eletricidade, fraudes com cartões de crédito, roubos e muitos vôos longos, tenho adorado estar contigo em cada minuto.

Estamos mais perto do fim do que do começo, e sou um homem verdadeiramente abençoado (mesmo que o meu handicap de golfe tenha sido negativamente afetado).

Quero agradecer àqueles que me ajudaram a editar e organizar este livro (Justin Hartley, Peter Moyle, Paul and Sally Cosgrove, Alexandra Cabral, Ros Lazar). Muito obrigado (dum homem que raramente lê um livro). Foi um grande esforço de equipa.

A HISTÓRIA DO MINISTÉRIO IRIS GLOBAL

(Rolland Baker)

" **A** HEIDI E eu começámos o ministério Iris Global (anteriormente conhecido como Iris Ministries) em 1980 e temos sido missionários desde então. Fomos ambos consagrados como ministros do evangelho em 1985, após completarmos as nossas licenciaturas e mestrados (BA e MA) na Vanguard University, no sul da Califórnia. Eu especializei-me em Estudos Bíblicos e a Heidi em Liderança Eclesiástica. Sou missionário de terceira geração, nasci na China e cresci na China, Hong Kong e Taiwan. Fui profundamente influenciado pelo meu avô, H. A. Baker, que escreveu o livro *Visões Além do Véu*, que é um relato das visões do céu e do inferno que as crianças do seu orfanato tiveram, num lugar remoto no sudoeste da China, há duas gerações atrás.

"Bem-aventurados os pobres em espírito, pois deles é o reino dos céus." (Mateus 5:3)

A Heidi recebeu uma chamada poderosa para o campo missionário aos dezasseis anos, quando vivia numa reserva indígena no Mississippi, quando era estudante do American Field Service. Vários meses depois de se ter convertido, através de um evangelista Navajo que a levou a Jesus, ela teve uma visão durante várias horas e ouviu Jesus falar audivelmente com ela, dizendo-lhe para ser missionária na Ásia, Inglaterra e África. Quando voltou para casa, em Laguna Beach, Califórnia, ela começou a ministrar sempre que tinha oportunidade e passou a liderar equipas de missões de curto prazo. Nós conhecemo-nos numa pequena igreja carismática em Dana Point e casámo-nos seis meses depois ao percebermos que tínhamos o mesmo desejo radical de ver um avivamento entre os pobres e esquecidos do mundo.

Passámos os primeiros seis anos da nossa vida juntos a liderar equipas evangelísticas de dança e drama por toda a Ásia, usando o nosso conhecimento na área dos media e das artes. Mas à medida que nos íamos envolvendo cada vez mais com aqueles que viviam em extrema pobreza, já não conseguíamos estar satisfeitos sómente pelo facto de termos eventos grandes, e visitas curtas a vários lugares, apesar de milhares de pessoas estarem a vir para Jesus. Tivemos de aprender a abrandar o rítmo e a cuidar das necessidades a longo prazo, duma pessoa de cada vez.

Começámos a trabalhar com os pobres nos bairros de lata do centro de Jacarta, na Indonésia, e depois trabalhámos com os sem-abrigo e idosos em Hong Kong, na área urbana mais densamente povoada do mundo, no centro de Kowloon. O trabalho da missionária Jackie Pullinger com os viciados em drogas na Walled City teve uma grande influência nas nossas vidas.

Em 1992, deixámos a Ásia para fazer os nossos doutoramentos em Teologia Sistemática no King's College, Universidade de Londres. Durante esse tempo, nós nunca parámos de ministrar aos pobres. Plantámos uma igreja vibrante e acolhedora para os sem-abrigo no centro de Londres, à qual se juntaram estudantes, advogados, empresários e amigos de muitos países. Aprendemos o que significa a beleza do Corpo de Cristo! Durante anos, ansiámos ir para a África, em cumprimento da nossa chamada, para levar o Evangelho aos lugares mais desafiantes e difíceis. Queríamos ver uma continuidade das "Visões Além do Véu", e tal como o meu avô, acreditávamos que o lugar mais provável para vermos um avivamento novamente, seria num dos lugares mais improváveis. E foi isso que nos levou até Moçambique, que na altura foi considerado oficialmente como o país mais pobre do mundo.

Poucos dias após a minha primeira visita a Maputo, a capital de Moçambique, foi-me oferecido um orfanato em Chihango, que ninguém queria apoiar, nem mesmo grandes igrejas na África do Sul ou doadores de países europeus. O edifício estava horrivelmente delapidado, em ruínas, e tinha oitenta órfãos em estado miserável, negligenciados e vestidos com trapos. Na altura, pensei que este seria o teste perfeito para o Sermão da Montanha. O nosso Pai no céu sabe o que precisamos. Buscai primeiro o Seu Reino e a Sua justiça, e todas essas coisas nos serão dadas também... Não andeis ansiosos pelo dia de amanhã. Porquê preocuparmo-nos? Jesus é suficiente para nós, e para todos.

Sózinhos e sem apoio, a Heidi e eu oferecemo-nos para liderar o orfanato em Chihango. Estavamos muito entusiasmados com a oportunidade de podermos levar o evangelho até lá. Em poucos meses, a maior parte das crianças foram salvas e cheias do Espírito Santo, e choravam de gratidão, pois embora ainda vestissem trapos, estavam cheias de gratidão pela sua salvação. Jesus providenciou por tudo milagrosamente e deu-nos, a cada dia cada vez mais, à medida que as nossas crianças oravam noite e dia pela sua comida diária. Trouxemos equipas que nos vieram ajudar, melhoramos o centro e também levávamos as nossas crianças para as ruas, para testemunharem a outras crianças órfãs e abandonadas àcerca do que Deus fez por elas. Várias crianças foram levadas ao céu em visões e dançaram ao redor do trono de Deus, nos ombros de anjos.

Mas, de repente, quando já tínhamos mais de trezentas crianças no orfanato, fomos despejados. Não tínhamos um plano de contingência e as nossas crianças tiveram de sair da propriedade descalças, e ficaram sem um lar. Perdemos tudo. Mas isto era apenas o início de experimentarmos o poder de Deus em Moçambique!"

Sempre Suficiente

O ministério Iris recebeu uma doação dum terreno não urbanizado na cidade vizinha de Machava, dado por uns funcionários públicos que eram solidários connosco. Deram-nos algumas tendas antigas do exército e uma tenda grande de circo, e práticamente da noite para o dia surgiu uma aldeia de crianças, num lugar onde há uma semana atrás havia apenas mato e árvores. Tudo era ainda mais básico do que em Chihango, mas serviu para aquela altura, e as crianças estavam radiantes. A pequena comunidade do Iris tinha estado a orar há muito tempo por água, tanto no espírito como no natural. Pouco tempo depois, um novo poço foi cavado em Machava, fornecendo água fresca e limpa. O Iris tinha agora abundância de ambos os tipos de água.

No final do seu terceiro ano em Moçambique, o Iris havia adquirido e perdido um grande centro. Começamos uma nova base do zero em Machava e compramos um novo complexo em Zimpeto, um bairro periférico de Maputo. O Zimpeto fica na periferia da capital, perto do que a Heidi chama de sua igreja favorita, a "bocaria" — o maior aterro de lixo de Maputo, onde multidões de pobres vasculhavam montanhas de lixo para conseguir sobreviver. Muitos dos maiores milagres que o ministério Iris presenciou ocorreram ali. Naquela altura, as circunstâncias continuavam difíceis, mas, apesar de todos os contratempos, muitas mais foram as maravilhas extraordinárias que Deus fez e a manifestação da Sua presença.

Uma dessas maravilhas, que teve um grande impacto no ministério Iris, aconteceu quando a Heidi, que na altura andava muito cansada e a enfrentar muitas dificuldades em Chihango, viajou para uma conferência de reavivamento cristão na América do Norte. Ela estava especialmente necessitada de refrescamento, pois andava exausta pelo trabalho e pela responsabilidade de cuidar de mais de trezentas crianças que a chamavam de "Mamã Aida". As finanças eram limitadas e, além disso, dois médicos tinham acabado de lhe dizer que ela não poderia fazer a viagem, pois estava com um caso grave de pneumonia dupla e envenenamento do sangue. Mas, como ela é teimosa tanto na fé como no espírito, decidiu embarcar no avião e voou mais de trinta horas até à conferência.

Logo no início da conferência, Deus abriu-lhe os pulmões e ela começou a respirar livremente. A cada dia que passava, e no meio de constante adoração, ensino e oração, a sua força começou a aumentar. Pessoas amorosas da equipa de ministério oraram por ela durante horas. A Heidi conta muitas vezes que foi difícil para ela própria conseguir ficar quieta e ser capaz de receber, após anos a ensinar e a pregar. Este tempo foi um período de cura intensa para ela.

A Heidi escreve: Numa das noites, quando eu estava a interceder intensamente pelas crianças de Moçambique, comecei a ver milhares de crianças a virem ter comigo, comecei a chorar e disse: "Não, Senhor, são demasiadas crianças!" Naquele momento, eu tive uma visão dramática e nítida de Jesus. Eu estava com Ele, e milhares de crianças estavam ao nosso redor. Eu vi a Sua face brilhante e os Seus olhos de amor que ardiam intensamente. Também vi o Seu corpo, que estava quebrado e magoado, e o Seu lado perfurado. Ele disse: "Olha nos meus olhos. Dá-lhes algo para comer." Depois Ele tirou um pedaço do Seu corpo quebrado e deu-me, o qual se transformou em pão nas minhas mãos, e eu comecei a dá-lo às crianças. Jesus disse novamente: "Olha nos meus olhos. Dá-lhes algo para beber." Ele deu-me um copo de sangue e água que fluíam do Seu lado. Eu sabia que era um copo de sofrimento e alegria. Eu bebi e depois comecei a dar ás crianças para elas beberem. O copo não ficou vazio. Neste ponto eu estava a chorar incontrolávelmente. Estava completamente derretida pelos Seus olhos ardentes de amor. Compreendi o quanto custou a Jesus providenciar comida física e espiritual para todos nós. O Senhor falou ao meu coração e disse: "Vai sempre haver o suficiente porque Eu morri."

Desde então, um dos princípios fundamentais do ministério Iris tem sido oferecer um lar a qualquer criança encontrada em Moçambique sem família, independentemente da situação financeira ou de outro tipo. O número de crianças continua a crescer. Ainda hoje, o Rolland e a Heidi continuam a clamar por uma visitação de Deus como a que foi experimentada pelas crianças do Centro de crianças de H.A. Baker na China, há muito tempo atrás. Muitos mais testemunhos continuam a acumular-se, e já são tantos que nem poderiam ser todos escritos. Mas a grande história desta nova geração de crianças está simplesmente apenas a começar.

Crescimento do ministério Iris e eventos atuais

O Iris experimentou um crescimento explosivo ao longo da década de 1990 e dos anos 2000. Mais e mais crianças encontraram um lar no Iris, e multidões começaram a converter-se ao Senhor através de evangelismo. Naquela época, muitas pessoas começaram a pedir ao ministério Iris para oferecer formação pastoral. Pastores que viviam isolados há muito tempo nas zonas rurais solicitaram que fossem feitas "conferências no mato". Muitos chegavam a caminhar durante dias para poder assistir às conferências. Centenas, e depois milhares de novas igrejas começaram a surgir, e muitas igrejas já estabelecidas pediram para se afiliar ao ministério Iris. No Ocidente, muitos ouviram falar do que estava a acontecer em Moçambique e começaram a convidar o Rolland e a Heidi para pregar em diversas nações ao redor do mundo. Voluntários estrangeiros começaram a chegar em números cada vez maiores.

Quando Moçambique foi abalado por inundações catastróficas no ano 2000 e novamente em 2001, a vasta rede rural de igrejas do Iris foi fundamental para ajudar as populações afetadas. Foi um tempo terrível e, apesar do influxo súbito de ajuda internacional, centenas de milhares de pessoas ficaram desalojadas e sofreram imenso com fome, doenças e perdas de vida. O ministério Iris envolveu-se extensivamente nos campos de refugiados temporários, alimentando muitos milhares de pessoas além dos seus números habituais. Surgiu também uma fome espiritual entre aqueles que sobreviveram, devastados e desesperados, e um grande mover do Espírito veio sobre eles. A maior parte da atenção internacional desapareceu rápidamente, mas o Iris permaneceu, ficando com muitos mais para cuidar, tanto fisicamente como espiritualmente.

Durante esse período, escolas para crianças (incluindo algumas das mais bem classificadas do país), escolas bíblicas e clínicas, foram abertas sob a liderança do Iris. A meio do ano 2000, foi também inaugurada uma escola internacional para missionários. Quando o centro de acolhimento de crianças em Zimpeto já estava relativamente bem estabelecido, o Rolland e a Heidi confiaram a sua liderança a Steve e Ros Lazar, da Austrália. O Rolland e a Heidi mudaram-se definitivamente para Pemba, em 2004.

Pemba, é uma cidade costeira no extremo norte de Moçambique, e é composta por grupos tribais não alcançados pelo evangelho, com crenças pagãs e sincretistas. Hoje em dia, os "não alcançados" dessas tribos são cada vez menos. Quase sempre, quando uma campanha de evangelização é feita numa aldeia e onde curas milagrosas acontecem, o resultado é uma nova igreja.

À medida que as igrejas cresceram e os programas de alcance comunitário se multiplicaram, o Iris começou a expandir-se para outros países, abrindo bases de ministério semelhantes. Atualmente, o Iris está ativo em trinta e quatro países e continua a crescer. A expansão do ministério tem ocorrido de forma muito mais rápida do que o esperado inicialmente. O ministério Iris está a trabalhar árduamente para desenvolver novas estruturas organizacionais, guiadas pelo Espírito Santo, com o objetivo de servir melhor este movimento.

O nosso progresso até agora tem sido inteiramente milagroso: No total, o Iris Global alimenta atualmente mais de 10.000 crianças por dia, além de muitas outras pessoas em diversas comunidades. A nossa rede de igrejas também já ultrapassou os milhares. O Iris tem três escolas bíblicas, três escolas primárias e a escola de missões Harvest.

Os principais projetos do Iris neste momento incluem a continuação da evangelização das regiões costeiras mais remotas, utilizando estrategicamente um avião para áreas rurais, o investimento em indústrias artezanais e uma iniciativa especial de perfuração de poços, a qual traz um grande melhoramento de vida nas aldeias onde existe muita seca.

Há muitos outros projetos em consideração. Os líderes nacionais estão a erguer-se com sabedoria e poder, e muitas outras nações estão também a chamar. Acreditamos que o melhor ainda está por vir.

Valorizamos um relacionamento íntimo com Jesus, uma vida de milagres, o que é absolutamente necessário, manter o foco nos humildes e marginalizados, estar dispostos a sofrer se fôr necessário, e a alegria inextinguível do Senhor que é a nossa energia, motivação, arma e recompensa, e isto não é opcional.

Que a Palavra de Deus se espalhe com poder até aos lugares mais remotos do mundo, e que os pobres, os aleijados, os coxos e os cegos — aqueles que nunca experimentaram a bondade de Deus — sejam atraídos para o grande banquete do Rei!

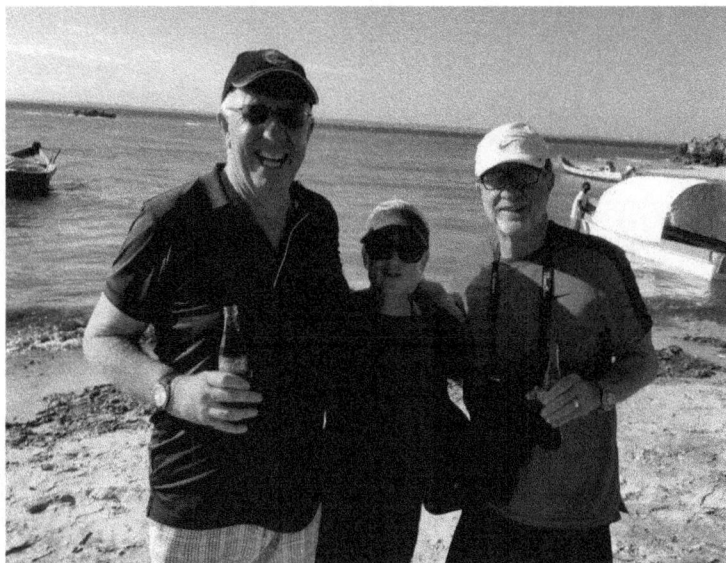

Programa de missão em Pemba: Steve, Heidi e Rolland

Líderes do Iris Global: Pastor José Novela, Steve e Ros Lazar,
Francisco Mandlate, Tony e Pamela Maxwell, Rolland Baker, Pastor
Surprise, e Triphena Sithole

A história de Steve e Ros Lazar

Fui Diretor de Escola e professor de Matemática até o ano 2000. Ensinei na Austrália, Nova Zelândia e no Canadá por mais de 20 anos. A Ros é enfermeira especializada em Pediatria. Casámonos em 1981 e temos dois filhos, Peter e Elizabeth. Quando a Ros era criança, viu um filme sobre a vida de Gladys Aylward, "A Pousada da Sexta Felicidade". A partir desse momento, nasceu na Ros o desejo de trabalhar com crianças vulneráveis e, um dia servir no campo missionário.

Enquanto fui professor no Canadá durante 1995 e 1996, a Igreja Toronto Airport Christian Fellowship (agora chamada Catch the Fire Church) era a nossa igreja local. Durante uma conferência nessa igreja, ouvimos o Rolland e a Heidi Baker falar sobre o trabalho que estavam a fazer nas ruas de Maputo, em Moçambique, o sexto país mais pobre do mundo. Eles estavam a resgatar crianças e orfãos que vinham de pobreza extrema e vítimas de maus-tratos, e cuidavam delas, amando-as e restaurando-as à vida.

Sabíamos que Deus estava a falar conosco através do casal Baker, que partilhou o seu testemunho na igreja de Toronto. Já sabíamos o suficiente sobre Deus para entender que era Ele que estava a falar aos nossos corações e precisávamos de agir. A partir dessa noite, começámos a apoiar e a comunicar com o ministério Iris (conhecido agora como Iris Global) e com o Rolland e a Heidi Baker. (www.irisglobal.org)

A Ros e eu estávamos interessados em servir a Deus e a dar oportunidades a outros menos afortunados do que nós. Ambos amamos crianças. Em Dezembro de 1999, passámos as férias escolares a visitar obras missionárias na Tailândia e em Moçambique. Visitámos a base em Zimpeto, Maputo, durante dez dias. Depois de regressarmos de Moçambique e da Tailândia, perguntámos a Deus onde é que iríamos ser mais necessários. E Deus respondeu: "Em Maputo, na base em

Zimpeto". Então, em meados de 2000, decidimos tirar três meses de licença dos nossos empregos na Austrália para visitar novamente o Zimpeto.

Em 2001, conseguimos o suporte financeiro e a fé suficientes para trabalhar como voluntários em Zimpeto por um ano. Apaixonámo-nos tanto pelas crianças e pela comunidade de Zimpeto que demos um passo de fé, e um ano tornou-se dois, depois três. Em 2024, já lá estamos há vinte e quatro anos. Continuamos a ser voluntários, apoiados pela família, amigos e várias igrejas.

Em 2003 o Rolland e a Heidi pediram-nos para liderar a base em Zimpeto. Mais de 500 crianças viviam na base. Crianças vindas das ruas e da lixeira, crianças órfãs, abandonadas e doentes. Quando começámos a servir em Zimpeto, Deus deu-nos uma visão. A visão tinha dois aspetos: cuidar das crianças e formar líderes nacionais.

De 2001 até ao final de 2019, a Ros e eu estivemos em Moçambique a tempo inteiro. Vivemos lá com os nossos dois filhos e tentámos ser um exemplo de família para as crianças que vinham de ambientes e situações disfuncionais.

Construímos uma casa e os nossos dias eram passados a supervisionar a base, cuidar da comunidade, inaugurar a clínica, desenvolver a escola e apoiar a Igreja.

Em 2002, durante uma crise médica na base, a Ros e eu trouxemos dez dos bebés mais vulneráveis para a nossa casa, a fim de os proteger. Após a crise passar, essas dez crianças permaneceram connosco nos anos seguintes. Em 2019, a última dessas crianças deixou o nosso lar e está agora integrada na comunidade. O Ernesto, o Ângelo, a Joanna, o Luis, o Gitu, o Jimmy, a Percina, a Lija, o Ivan e, mais tarde, a Crimelda e o João, chamavam à nossa casa o lar deles.

Nós educámo-los, cuidámos deles, amámo-los e ajudámo--los na sua recuperação. Nunca os adotámos, mas sempre tiveram um lugar especial nos nossos corações (e ainda têm). Cada um deles tem a sua própria história e temos orgulho de todos. Alguns estão a estudar na universidade, outros têm as suas próprias famílias, e a maioria deles ainda serve a Deus na igreja. Ao longo deste percurso, dois dos jovens, o Jimmy e a Percina, faleceram.

Durante o nosso tempo na base, vários eventos e projetos de grande envergadura foram realizados, incluindo a construção de uma sala especialmente feita para oração (inaugurada em 2009), a construção de uma nova igreja (inaugurada oficialmente em 2022), a construção de uma escola académica para 1500 estudantes, e a renovação do alojamento para os que vivem na base (incluindo a demolição total e reconstrução da área para as raparigas). Também providenciámos alojamento e oportunidades de ministério para 400 visitantes por ano, encorajando a ajuda comunitária e o crescimento da igreja.

No Natal de 2019, a Ros e eu regressámos à Austrália para descansar durante três meses. Quando o Covid chegou, ficámos confinados dentro das fronteiras da Austrália até meados de 2022.

Quando partimos para a Austrália em Dezembro de 2019, nomeámos o Augusto e a Clara Lopes como Diretores de Operações. O Augusto é um dos meninos originais que veio para o Zimpeto (o seu testemunho está neste livro). Ele é agora um engenheiro qualificado e está a terminar o seu mestrado. A Clara é uma missionária fantástica e está neste momento a completar a sua licenciatura em Psicologia. Não sabíamos naquela altura que iríamos ficar fora do país por mais de dois anos, mas Deus sabia. Eles são os futuros líderes da base.

Em 2022, a Ros foi galardoada com a Medalha da Ordem da Austrália pelos serviços prestados a Moçambique. Este é o reconhecimento comunitário mais alto atribuído na Austrália. Este reconhecimento é raramente concedido por um trabalho realizado no estrangeiro ou por um trabalho relacionado com o Cristianismo, mas a Ros aceitou o prémio, dizendo que é "em nome de ambos", em reconhecimento pela nossa contribuição conjunta em Moçambique.

Em 2024, convidámos o Hermínio Muchave e a sua esposa Kasey Muchave para regressarem a Zimpeto e assumirem o cargo de Diretores das Crianças. Como irá ler, o Hermínio também foi uma das crianças do centro e o seu testemunho está neste livro.

Voltando à visão que Deus nos deu: cuidar das crianças e formar líderes nacionais. Nos últimos vinte e quatro anos, cuidámos, amámos, reunimos famílias e educámos várias centenas de crianças – e esta é a nossa maior alegria.

A segunda parte da nossa visão está quase realizada. Em 2003, todos os nossos líderes de área eram missionários estrangeiros. Vinte e um anos depois, quase todas as áreas estão sob a liderança e supervisão de moçambicanos, pessoas de Deus, instruídas e amorosas. Muitos deles cresceram na base. Como diz uma expressão inglesa: 'O nosso teto é o chão deles'.

Por que é que nós entregámos as nossas vidas a este trabalho? Porque amamos o Senhor e gostamos de ajudar aqueles que vivem com necessidades. A Bíblia diz que a forma mais pura de religião é ministrar aos "órfãos e viúvas". Aqueles que temos apoiado desejam as mesmas coisas que as nossas próprias famílias desejam: educação, cuidados de saúde, habitação e vida familiar. Nós ajudamo-los a alcançar esses objetivos.

No momento em que este livro está a ser escrito, Moçambique encontra-se entre os dez países mais pobres do mundo. Desde 2003, existe uma infraestrutura de apoio melhor e mais regulada, incluindo nos Serviços Sociais.

O nosso objetivo é receber as crianças necessitadas no Centro por um período, durante o qual pretendemos manter o contacto com as suas famílias, apoiar a saúde física e emocional das crianças, ajudá-las a ter acesso ao sistema médico, providenciar educação, protegê-las e fortalecer as suas famílias, para que as crianças possam ser reunidas com as suas famílias novamente.

Temos dez voluntários estrangeiros e 150 funcionários moçambicanos que trabalham a tempo inteiro e a tempo parcial. A base não somente ajuda nas necessidades das nossas crianças residentes, mas também ajuda os mais pobres entre os pobres nas áreas ao redor. Aqui, o impossível torna-se possível! Unimo-nos ao povo de Moçambique e acreditamos num futuro brilhante, próspero e cheio de alegria.

O nosso objetivo é amar cada indíviduo que está à nossa frente, ajudarmos as crianças a crescer saudáveis, reunir famílias e apoiar os pobres na comunidade à nossa volta, de todas as formas possíveis.

A base ocupa 10 acres e inclui uma creche, a casa para bebés, alojamento para crianças e jovens (rapazes e raparigas), um programa para necessidades especiais, escolas de manhã e à tarde (para 1.500 alunos), uma clínica comunitária, biblioteca e centro de informática.

Temos programas para alcançar as pessoas na lixeira, nas ruas e na comunidade local, onde alimentamos e cuidamos de centenas de pessoas. Construímos casas, fornecemos eletricidade e água, e oferecemos vagas na nossa escola, garantindo que as crianças têm acesso à educação. Promovemos o crescimento espiritual na nossa igreja, que é grande e ativa, assim como através das outras igrejas da comunidade. Recebemos entre duzentos e trezentos visitantes por ano e gostaríamos de saber se você está interessado em fazer parceria connosco neste percurso emocionante.

Mais informações podem ser encontradas em www.irisglobal.org ou na página do Zimpeto: www.irisminzimpeto.org.

Embora o Governo de Moçambique não forneça apoio financeiro, cada área do nosso ministério possui uma licença e opera sob a autoridade do respetivo departamento governamental. A escola está registada no Departamento de Educação, a clínica no Ministério da Saúde, os nossos trabalhadores no Ministério das Obras Públicas, a igreja e a escola bíblica no Ministério de Assuntos Religiosos, e os nossos trabalhadores estrangeiros no Ministério dos Negócios Estrangeiros.

Estes departamentos realizam visitas e inspeções regulares ao centro e, ocasionalmente, utilizam a nossa base como modelo para outras instituições sobre como cuidar de órfãos e crianças vulneráveis.

O nosso apoio financeiro provém exclusivamente dos donativos de igrejas generosas, famílias, amigos, organizações e indivíduos que apoiam este trabalho extraordinário.

Notas de rodapé

Desde 2006, todas as crianças que entram no centro são cuidadosamente avaliadas pela equipa de Assistência Social. O Iris Global Zimpeto acredita que a família é a unidade fundamental da sociedade. A família é o ambiente seguro onde as crianças crescem, aprendem, são amadas e cuidadas. Embora a pobreza não seja razão suficiente para separar uma criança da sua família, por vezes, a unidade familiar encontra-se em crise e é incapaz de proporcionar os cuidados adequados ao crescimento da criança.

O Iris Global Zimpeto tem como objetivo oferecer um local temporário e seguro para a criança, enquanto fortalece a unidade familiar. O apoio à família pode incluir uma caixa de alimentos, construção duma casa, educação, assistência médica, emprego e oportunidades para pequenos negócios. Enquanto a criança está acolhida no centro, a comunicação com a família é mantida. Após uma avaliação feita pela equipa de Assistência Social, a criança é reintegrada na família quando esta está preparada para a receber. Desde 2001, centenas de crianças foram reintegradas com sucesso nas suas famílias, e com apoio contínuo sempre que seja necessário.

O novo edifício da Igreja

Culto na escola

Intercessão na sala de oração

Dia das Crianças em 2024 – Casa dos bébés

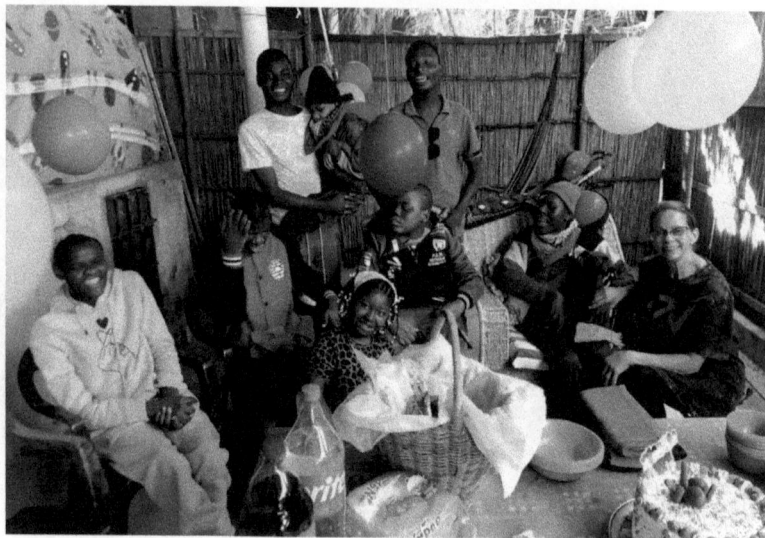

*Dia das Crianças em 2024 – Casa para pessoas
com necessidades especiais*

*Alguns dos jovens que viveram na casa do Steve e Ros: Crimelda,
Gito, Ângelo, Joaneta, Luís, Lija, Ernesto, Ivan*

Os mesmo jovens – 10 anos mais tarde

*Peter (filho de Steve e Ros Lazar), e sua esposa Trish,
e o neto Henry*

Liz (filha de Steve e Ros Lazar) com as netas Lena e Bella

CAPÍTULO 1

A história de Augusto Lopes Mandlate

É UMA GRANDE honra para mim compartilhar a minha história neste livro. Nunca antes partilhei o meu testemunho completo, com todos os detalhes que vou partilhar aqui. É difícil para mim refletir sobre o meu passado, pois ele me causa muita dor. No entanto, sinto que Deus me oferece uma oportunidade de cura através deste testemunho. O meu testemunho visa glorificar o nosso Deus Todo-Poderoso e ajudar-nos a entender como Deus vê o nosso futuro. Ele vê coisas boas onde mais ninguém consegue ver.

A minha jornada começou em Junho de 1987, quando nasci em Maputo, a capital de Moçambique. No total, éramos doze irmãos, mas a maioria deles faleceu, e agora somos apenas quatro. Não sei todas as razões, mas muitos dos meus irmãos sofreram e morreram devido à pobreza. Quando os meus últimos dois irmãos faleceram, compreendi claramente o quão difícil a vida era para a minha família.

O meu pai faleceu poucos meses depois do meu nascimento, e a vida para a nossa família tornou-se muito difícil. A minha mãe não conseguia alimentar-nos e não tinha nenhuma habilidade ou aptidão para trabalhar. Ela não conseguia ajudar a família, o meu pai era quem providenciava para a casa, e tudo agora estava muito complicado.

Simultaneamente, perdemos a nossa casa. Isso significava que não tínhamos um lugar para viver. O nosso tio mandou-nos embora da nossa casa, dizendo que a casa não pertencia à nossa família, mas sim à dele. Isso causou muita confusão, e foi o início da separação da nossa família. A minha mãe deixou-nos para trás e foi para o mato tentar encontrar um lugar para viver. Começou uma pequena horta para produzir alguns legumes para nos alimentar. Foi um período extremamente difícil porque o país estava numa guerra civil. Tivemos de viver nas ruas. A vida era muito dura.

A minha irmã envolveu-se na prostituição para sobreviver e desapareceu, perdendo-se nessa vida terrível. Esse foi um tempo em que havia uma fome intensa em Moçambique. Quando a minha mãe soube da minha irmã, voltou para tentar ajudar, mas a falta de comida era demais.

Alguns anos depois, o meu irmão mais velho e eu estávamos a viver com uma outra irmã mais velha, numa casa onde havia muitos conflitos. A casa ficou destruída e tornou-se insegura para viver. Tivemos de viver nas ruas novamente. Passávamos todo o tempo na rua e muitas vezes dormíamos ao relento. Tentávamos sobreviver apanhando restos de comida dos contentores do lixo e apanhando côcos nos mercados, que mais tarde comíamos como refeição.

A parte mais difícil desta experiência traumática foi quando eu e o meu irmão vimos uma criança de oito anos a ser atropelada por um carro. Ela morreu ao tentar apanhar um côco que estava no meio da estrada. (Os côcos são muito duros e, por isso, eram colocados no meio da estrada. Quando um carro passava por cima do côco, nós corríamos para a estrada para o apanhar). Quando esta menina correu para apanhar o côco esmagado, um segundo carro bateu-lhe.

Ficámos todos tão assustados que não saímos para a rua durante dois dias. No entanto, a fome era tão grande que não tínhamos outra opção. Foi então que ouvimos falar de um familiar que vivia numa zona de Maputo chamada Maxaquene, e pensamos que talvez pudéssemos ficar lá. Caminhámos durante dez quilómetros até chegar lá, mas, infelizmente, o meu irmão desapareceu, deixando-me sozinho.

Tentando encontrar o caminho de volta, acabei por me perder e comecei a chorar desesperadamente. Acredito que Deus estava a olhar por mim. No final daquele dia, uma senhora encontrou-me e levou-me para a sua casa. Para ser sincero, aquele foi o melhor dia da minha vida: tomei um banho quente e comi uma refeição maravilhosa. Eu estava numa casa estranha, mas senti-me, pela primeira vez, verdadeiramente acolhido, como parte de uma "família verdadeira" Infelizmente, a minha felicidade durou apenas um dia. Na manhã seguinte, essa senhora levou-me até à esquadra de polícia que ficava perto da minha casa. Foi lá que encontrei novamente o meu irmão.

A minha irmã voltou para casa doente

Alguns anos depois, com a guerra quase no fim, a minha mãe decidiu voltar para nos buscar e levar-nos para viver no mato, num lugar chamado Mulotana (cerca de uma hora de distância da capital, Maputo). Éramos a única família naquela região, e tínhamos que caminhar entre 3 a 5 km para encontrar um vizinho. Foi o fim de um problema, mas também o começo de outro.

Em Mulotana, não havia água, escola, hospital ou qualquer infraestrutura básica. A nossa pequena cabana era feita de palha, e, durante a época de chuvas, nem sequer conseguíamos dormir. Lembro-me de um estaleiro de obras antigo e abandonado perto da nossa casa, e era para lá que íamos quando a chuva se tornava muito forte. Às vezes, acordávamos no meio da noite e corríamos para o edifício para nos abrigarmos. Muitas vezes, lá já estavam mais de três famílias.

Nenhum dos meus irmãos queria ir com a minha mãe para Mulotana, exceto eu e o meu irmão. Cerca de um ano depois, a minha irmã (que havia se envolvido na prostituição) voltou para ficar connosco, muito doente, com HIV e tuberculose. Infelizmente, ela acabou falecendo.

Ela faleceu no hospital. Foi um grande esforço para a minha mãe conseguir pagar a sua ida ao hospital e as visitas a ela lá. No entanto, o maior desafio veio quando tivemos que tirá-la do hospital e levá-la para o seu funeral. Não tivemos a oportunidade de dar à minha irmã um enterro digno. Ela foi enterrada numa vala comum, o que é uma grande vergonha e um insulto para a nossa família. As valas comuns são destinadas a pessoas sem família ou recursos, e os corpos são recolhidos todas as semanas e enterrados sem nenhuma cerimônia, algo que, em Moçambique, é de extrema importância para as famílias.

Eu comecei a ir a uma "escola" que ficava debaixo duma árvore. Não havia professores porque tinham de vir da cidade, e não havia transportes. Nessa altura, as estradas eram muito más.

Estava feliz por viver com uma parte da minha família, mas a nossa vida era uma luta constante. Não tínhamos materiais escolares, nem uniformes escolares, e isso significava que a minha mãe não conseguia proporcionar-nos uma educação adequada.

Devido a esta situação, eu fui entregue para adoção algumas vezes, e não correu bem. Eu só queria que alguém cuidasse de mim e me desse a oportunidade de estudar. Todas as famílias desistiram de mim e acabei por voltar para casa.

Nunca entendi por que é que aquelas famílias desistiram de mim. Eu tinha apenas nove anos, e senti que tinha de começar a trabalhar para ajudar a minha família. Costumava apanhar fruta e legumes no mato, assim como ramos de árvores, deixáva-os a secar e fazia vassouras. Depois tinha de apanhar tudo, carregar com as vassouras e legumes na cabeça, e andar 30 kilómetros, para os vender na cidade. Durante esse tempo, a minha mãe apresentou-me a uma senhora que costumava comprar-lhe vassouras. A minha mãe perguntou se eu podia trabalhar para ela, a vender produtos no mercado. Para a minha mãe, esta era uma oportunidade para eu poder estudar, pois a senhora queria que eu fosse viver para a casa dela, que ficava na cidade, onde eu poderia ir para a escola. Nessa altura, eu tinha cerca de 11 anos.

Todos nós vimos que era uma oportunidade para eu poder ter uma vida diferente, mas eu iría ter de trabalhar muito para ela. Esta era a condição para eu ir viver com a família dela. Fiquei muito feliz porque, pela primeira vez, ía ter a oportunidade de viver numa casa com eletricidade e poder ver televisão.

Finalmente, o meu grande dia chegou quando me mudei para aquela casa. Estava entusiasmado por estar lá, mas ao mesmo tempo, muito triste, porque sabia que a minha família ainda estava a sofrer. Mesmo naquela tenra idade, já tinha uma noção clara da situação em que a minha família se encontrava.

Foi um grande passo para mim, e não tinha tempo para mais nada, pois de manhã estava na escola e à tarde no mercado. Estava tão cansado ao final do dia que só queria dormir. Nunca tive tempo para ser criança. O meu salário ia todo para a minha mãe, para ajudar a comprar comida para a família.

Chegada ao Centro

Tudo estava a correr bem até que, um dia, enquanto jogava futebol, eu parti a perna. Não disse nada a ninguém, mas estava com muita dor. No primeiro dia, parecia que estava tudo normal, mas no dia seguinte não conseguia andar. Durante alguns dias, tentei esconder o problema. Isso não foi difícil para mim, pois ninguém me prestava atenção. Eu sabia como ser responsável por mim mesmo e conseguia ir à escola sem qualquer ajuda externa. Acredito que isto foi a proteção de Deus, mesmo antes de O conhecer. No fundo, eu sentia o Seu amor.

Durante alguns dias, não fui à escola nem ao mercado, mas ninguém reparou, porque ninguém se importava comigo. O único problema para eles era que eu não estava a trazer dinheiro do mercado diariamente, e foi assim que descobriram que algo não estava bem.

O meu joelho estava muito inchado e não conseguia andar. A senhora chamou a minha mãe, e ela veio e levou-me ao hospital. Foi o início de um novo percurso, e tudo aconteceu muito rapidamente. (Isto aconteceu logo após os testes escolares no final de 1999).

Não me lembro se tive uma infeção ou não, mas a recuperação foi um processo muito longo. Acredito que Deus estava a dizer-me que esta era a hora de eu perder tudo para ganhar coisas novas.

Como eu era responsável por mim mesmo, não consegui matricular-me na escola para o ano seguinte (2000). Não pude trabalhar mais para a senhora durante alguns meses, e já não era útil para ela. Ela teve de encontrar alguém para me substituir. Ela queria enviar-me de volta para a minha mãe, mas não foi possível naquela altura devido às cheias.

Estava a chover muito, e todo o país começou a enfrentar problemas com as inundações. Isso deu-me algum tempo. A minha família estava a lutar pela vida, e a nossa casa de caniço e palha foi destruída pela chuva. Aquela senhora sentiu que precisava de fazer algo por mim, pois não era possível para mim voltar para a minha mãe sem ter uma casa. Eu iria estar novamente a viver no mato e sem estudar.

Para ser honesto, eu sentia que não havia futuro para mim, nem para a minha família. Não sabia o que iria acontecer, mas a única coisa que eu sabia era que o meu tempo com a minha família e com aquela senhora tinha acabado. Uma das filhas dessa senhora estava a trabalhar no ministério Iris em Zimpeto como professora. Ela disse à minha mãe que havia lá uma instituição que cuidava de crianças de rua, e talvez eles me aceitassem. A minha mãe veio e deixou-me em Zimpeto. Naquela altura, não havia regulamentos claros com os serviços sociais. Fui aceito sem problemas, e alguém levou-me para o dormitório. Era abril de 2000, e eu estava prestes a fazer doze anos.

O Percurso no Centro

Eu cheguei ao centro muito magro e ainda com um grande problema na minha perna. Não parecia uma criança normal. Naquela altura, não era fácil viver no centro, pois havia mais de 500 crianças, a maioria delas vindas da rua.

Para ser honesto, viver no centro foi um desafio para muitas crianças, mas para mim, o centro era um paraíso. Eu tinha três refeições por dia e água para tomar banho, sem ter de andar longas distâncias para transportá-la.

Comecei a participar na igreja pela primeira vez e recebi o primeiro presente de Natal que alguma vez tive na minha vida. É por isso que ainda hoje amo o Natal. Não sinto o mesmo por outros dias especiais. Eu não celebro o meu aniversário, pois nunca o celebrei com a minha família. A minha esposa faz uma grande festa no meu aniversário, mas para mim, ainda me parece uma coisa estranha.

Estudei muito na escola porque sentia que alguém, que eu não conhecia (talvez Deus), me estava a dar uma oportunidade para ter uma vida melhor. Não era um aluno brilhante, mas fiz o meu melhor. Também comecei a trabalhar na área de manutenção do ministério Iris e ajudei na construção da igreja e de muitos outros edifícios no centro. Sabia que a minha família estava a sofrer e comecei a ajudar a minha mãe todos os meses. Lembro-me que, na altura, apenas recebia 50 Meticais (cerca de 1 dólar) por mês por ajudar no centro. O meu sonho era poder, um dia, ter uma casa e poder cuidar da minha família.

Alguns anos depois, esses sonhos tornaram-se realidade com a ajuda do ministério Iris. Eles construíram três casas na comunidade próxima da base. Recebi o meu próprio terreno e uma casa simples, só minha.

Depois disso, estudei para me tornar eletricista e trabalhei na comunidade a fazer a instalação elétrica de casas. Uma das primeiras casas em que trabalhei foi a do pastor do centro, chamado Nico. A sua família tinha confiança suficiente em mim para eu instalar a eletricidade na casa dele. Ao mesmo tempo, fui promovido a eletricista no centro, o que incluía controlar o gerador e lidar com as chamadas de emergência. Ganhei dinheiro suficiente para pagar a minha carta de condução e comecei a ser motorista no centro, ajudando com os transportes de emergência para a clínica.

Também trabalhei como "chefe" aos fins de semana (supervisionando as crianças nos dormitórios) e, finalmente, fui promovido novamente para ajudar nos Recursos Humanos, onde pude aprender muitas coisas. No início, eu estava a ajudar no centro simplesmente como um jovem, não como um trabalhador regular. Ao mesmo tempo, fui admitido na Universidade Eduardo Mondlane para estudar Engenharia Elétrica. Isso aconteceu em 2011, logo após ter casado com a Clara no Brasil. Juntos, servimos a Deus neste ministério.

Apesar de todas as bênçãos, a minha família ainda estava a lutar pela vida. Eu estava a tentar o meu melhor para cuidar da minha nova esposa, enquanto continuava a apoiar a minha mãe e os meus irmãos.

História do Casamento

Uma das partes mais importantes da minha história foi quando conheci a minha esposa, Clara, em 2009. Ela veio do Brasil como missionária para servir na base em Zimpeto. Eu estava a ajudar com os jovens num dos dormitórios, e a Clara foi designada para trabalhar comigo. Para mim, foi um sonho tornado realidade. Conhecemo-nos e oramos juntos durante nove meses antes de começarmos a namorar. Depois disso, casamo--nos, com a bênção da nossa família, dos nossos líderes na base, Steve e Ros, e dos nossos líderes no Brasil.

Foi uma grande honra. Casámo-nos em agosto de 2011, no Brasil, com a presença especial de Steve e Ros, que estiveram lá representando os meus pais. O "Papa" Steve e a "Mana" Ros são uma parte muito importante da minha vida, desde a minha educação até ao meu casamento. Estou imensamente grato pela contribuição deles na minha vida. Eles foram a única família presente no meu casamento no Brasil.

Este foi o início da minha nova família. A minha esposa e eu estamos juntos há treze anos.

Em 2014, a Clara e eu começámos uma igreja numa comunidade muito pobre, onde eu vivi no passado. No início, estávamos apenas a apoiar as viúvas e os órfãos, mas agora estamos lá a servir ao Senhor. Estamos a liderar uma pequena igreja. Batizar a Clara em 2010 foi uma grande alegria para mim.

Em 2011, eu senti que falhei a minha missão em ajudar a minha família. O meu irmão mais velho passou por uma situação muito difícil e acabou por cometer suicídio. Ele escreveu uma carta a pedir-me para cuidar do filho dele, e bebeu veneno. Recebi uma chamada para o levar ao hospital a meio da noite. Ele não era cristão, mas Deus deu-lhe três meses de vida antes de morrer, e nós conseguimos levá-lo a Jesus. Ele aceitou Jesus como o seu Senhor e Salvador.

Decisão Profissional

O meu sonho era acabar a universidade e encontrar um emprego. Em 2018, formei-me na universidade e comecei o percurso de procurar emprego. Os diretores do centro, o Steve e a Ros Lazar, ofereceram-me um emprego para trabalhar com a equipa financeira em Zimpeto. Fiz isso durante um mês, mas o meu sonho sempre foi trabalhar como engenheiro.

Após dois meses de estágio, fui chamado para a CDM (a maior empresa de cerveja em Moçambique) para trabalhar como engenheiro. Essa foi uma oportunidade maravilhosa para mim. O salário era bom e as condições de trabalho eram excelentes. Era como um sonho tornado realidade.

A minha esposa e eu estávamos muito entusiasmados com o meu novo emprego, mas também sentia que tinha uma chamada para ajudar no centro em Zimpeto. Adorava trabalhar lá diretamente com as crianças. Quando recebi a oferta para trabalhar na CDM, também recebi uma proposta para ser o Diretor de Operações em Zimpeto. Foi difícil para mim decidir o que fazer. No entanto, sabia que Deus me estava a chamar de volta a casa para ajudar as crianças.

Depois de algumas noites em oração e reflexão, percebi que Deus me estava a dar uma oportunidade para escolher, e Ele me abençoaria de qualquer forma. Então, finalmente tomei a decisão.

Em 2019, a minha esposa e eu decidimos aceitar o desafio de servir a Deus em Zimpeto. Tive de rescindir o meu contrato na CDM. Muitas pessoas não entenderam a minha decisão, mas eu tinha paz. Deus usou pessoas para cuidarem de mim, e Deus estava me dando uma oportunidade de impactar e ajudar a vida de alguém, da mesma forma que eu fui impactado e abençoado durante os meus anos formativos.

Estou muito grato pelo que Deus fez por mim através dos meus líderes – o Papa Steve e a Mana Ros, e todos os missionários e educadores. Eu sou quem sou hoje, por causa do ministério Iris. Tornei-me neste homem por causa do toque de Deus na minha vida através deste ministério. Sou a primeira pessoa da minha família a ter uma licenciatura. Fui levantado do pó para sentar-me com os reis e príncipes. Olhando para trás, consigo ver que Deus me estava a preparar para este momento. Ele deu-me a oportunidade de servi-Lo como Diretor de Operações na base em Zimpeto. Hoje, a minha família biológica e eu estamos a progredir. Todas as crianças da minha família estão a estudar, e eu estou a ajudar a minha irmã com os estudos dela na universidade. Agradeço a Deus por ter levantado pessoas com visão como a Heidi e o Rolland Baker, o Steve e a Ros Lazar, porque eles conhecem todos os passos que dei para chegar onde estou hoje.

Obrigado por fazerem parte da minha vida. Deus usou-vos a todos de uma forma que nem podem imaginar. Trouxeram a luz do sol, uma esperança não só para mim, mas para muitos outros.

Muito obrigado e que Deus vos abençoe a todos.

AUGUSTO

Augusto em 2003, com o amigo Pascoal

Augusto e Clara

Augusto e a sua família

Augusto e Clara com Steve e Ros – no dia do Casamento em 2011

CAPÍTULO 2

A história de Ana Zaida Muguambe

O MEU NOME é Ana Zaida Mahiele Munguambe e tenho 48 anos.

Sou moçambicana e nasci numa pequena cidade chamada Zongoene, na província de Gaza. Quando nasci, os meus pais eram casados e tinham seis filhos. A minha infância foi marcada por muita violência. Os meus pais discutiam todos os dias e, sempre que discutiam, atacavam-se fisicamente. Por causa disso, a minha mãe levou-nos para a casa dos meus avós, mas, logo a seguir, o meu pai foi pedir desculpa e voltámos para casa. Essa situação nunca me deixou confortável. Apesar de ter uma boa mãe, os meus irmãos e eu tínhamos medo do nosso pai.

Em 1984, entrei para a escola para estudar. Eu queria muito estudar e os meus professores achavam-me muito inteligente, acreditando que eu tinha um futuro brilhante pela frente.

Como os meus pais tinham muitas discussões, a dada altura, o meu pai abandonou a família e casou-se com outra mulher, com quem teve três filhos. Durante esse tempo, tivemos a atenção total da nossa mãe. Ela era uma mulher muito tra-balhadora. Mesmo durante a guerra civil, que durou 16 anos, nunca permitiu que passássemos fome. Em várias ocasiões, ela arriscou a própria vida para conseguir trazer pão para casa. Confesso que, apesar do meu pai não ter estado presente na vida dos filhos, sentia muito a falta dele. Quando os meus colegas falavam sobre algo relacionado com os seus pais, eu sentia-me muito triste. Tentava entender o motivo pelo qual o meu pai nos tinha abandonado. A minha mãe dizia que ele podia ter os seus defeitos, mas que era um bom pai.

Em 1992, pedi aos meus pais para se reconciliarem, porque precisávamos deles juntos. Eles conversaram e chegaram a um acordo. O meu pai voltou para casa, mesmo tendo outra família, e a minha mãe aceitou-o. Tudo parecia estar a correr bem, até que, um dia, o meu pai agrediu fisicamente a minha mãe. Ela foi internada durante 9 dias num hospital provincial na cidade de Xai-Xai. Esta situação deixou-me muito confusa e senti uma enorme culpa. Fui eu que pedi aos meus pais para se perdoarem e agora a minha mãe estava numa cama de hospital.

Tudo o que eu precisava naquela altura era que a minha mãe se curasse e que se separasse do meu pai. Quando ela saiu do hospital viva, eu disse-lhe que não estava pronta para a perder. Pedi à minha mãe que se separasse do meu pai. Estava muito magoada com o meu pai e queria afastar-me dele. Foi assim que os meus pais se separaram, e a minha mãe assumiu os dois papéis de pai e mãe ao mesmo tempo. Não foi fácil, pois aconteceu durante o período da guerra. Nós estávamos constantemente a fugir de bandidos armados, no entanto, a minha mãe fazia sempre o melhor para cuidar dos seus filhos.

Educação

Em relação à educação, eu era uma criança muito dedicada na escola, mas na zona onde nasci não existia uma escola secundária. Após completarem a educação primária, os alunos tinham de se mudar para a cidade para continuarem os estudos. Foi nesta altura que a minha irmã mais velha foi estudar para a cidade e engravidou dum dos colegas dela. Eu estava convencida que também iria continuar os meus estudos na cidade, mas o meu pai ficou muito zangado com a situação da minha irmã e decidiu que nenhuma das suas filhas continuaria a estudar, pois era um desperdício de tempo investir na educação de raparigas, porque iriam acabar por ficar grávidas. Esta situação afetou-me bastante e entrei em depressão. (Na altura, eu nem sabia que estava com depressão, mas agora entendo). Eu estava a terminar o 5.º ano e, no ano seguinte, tinha planos para ir estudar para a cidade, mas agora isso já não iria acontecer.

Sempre que os meus pais estavam juntos, o meu pai tomava as decisões e a minha mãe não podia fazer nada. Eu queria continuar a estudar, e até passei uma semana sem comer para ver se o meu pai mudava de ideias, mas ele não o fez. Fugi de casa e passei uma semana no mato. A minha família procurou-me e encontrou-me. Tentei cometer suicídio, mas não morri, pois a minha mãe levou-me para o hospital e fiquei bem. A tentativa de suicídio deixou a minha mãe tão preocupada que decidiu procurar apoio, para que eu pudesse estudar. Levou-me para a cidade e falou com a parteira que a ajudou quando eu nasci. Ela contou-lhe que eu tinha tentado matar-me porque queria estudar. Foi então que a parteira procurou um internato que pagasse para eu ficar e poder estudar. Foi nessa escola que estudei e fiz o 6.º e 7.º anos.

Naquela altura, eu queria continuar os meus estudos na Escola Agrícola de Chókwe, mas devido à guerra que se estava a intensificar, não foi possível. Tive de voltar para casa. Senti que tinha avançado um pouco, mas o desejo de continuar a estudar era enorme. Em casa não havia nada para fazer. Durante aquele período, muitas vezes tínhamos de nos esconder no mato por causa dos bandidos armados. Estávamos apenas a fazer agricultura de subsistência. Chegou a um ponto em que aceitei que a vida seria sempre assim, e dediquei-me a essa vida. O conceito de educação na minha família tomou um rumo diferente. Para uma mulher poder casar, tinha de ser boa na agricultura e nas tarefas domésticas. Eu estava a ser preparada para que, no futuro, pudesse ser uma boa esposa e uma boa mãe. Eu não gostava da ideia, mas não tinha muitas alternativas.

Casamento

No que diz respeito ao casamento, eu tenho muito a dizer. Cresci numa área onde os casamentos eram arranjados pelos familiares. Era normal as pessoas virem à nossa casa pedir para eu ser esposa dos filhos delas, sem que esse filho alguma vez tivesse falado comigo. Achava essa situação muito triste e não concordava com isso. Resisti a essa situação até aos 17 anos. Foi então que as minhas tias convocaram uma reunião para discutir a questão de eu não concordar em casar. Perguntaram-me por que razão eu não concordava, e eu expliquei que tinha medo de tudo. Conhecia muitas raparigas que cresceram comigo e que já tinham maridos, e a vida que elas levavam era muito triste. Tudo o que faziam era ir para a horta, cuidar da casa e ter filhos. O marido podia ter muitas outras mulheres, ao ponto de trazer algumas para viver na mesma casa. Eu achava essa situação muito vergonhosa, por isso disse-lhes que talvez um dia eu casasse lá na minha terra de origem, se o rapaz fosse da cidade. Disse isto sem perceber que elas estavam determinadas a encontrar-me um marido. Em pouco tempo encontraram-me um namorado da cidade que eu nem conhecia.

Organizaram tudo para eu conhecer o jovem. Disseram-me que estava na altura de eu me casar, porque todas as raparigas da minha idade já o tinham feito. Em pouco tempo, o jovem organizou tudo e foi apresentar-se à minha família. Ele pagaria o lobolo à minha família e, depois, eles iriam acompanhar-me até à casa dele. Não tinha muitas opções: ou eu aceitava ir com ele, ou seria expulsa de casa. A minha mãe não podia defender--me. Quando tentava dizer algo, o meu pai dizia que, na casa dele, só ele é que podia decidir.

Passaram-se quatro meses. Durante esse tempo, o noivo estava a preparar-se para pagar o lobolo. Foi então que a irmã dele apareceu de repente na minha casa para me dizer que o meu futuro marido estava doente e que tinha sido internado no hospital. Ela disse-me que era a minha obrigação cuidar dele. Tentei recusar, mas sem sucesso. Os meus pais obrigaram-me a ir para a casa dele. Imagine o que é encontrar-se de repente na casa de uma pessoa estranha, que não conhecemos, e com quem não tinha namorado. Eu não sabia nada sobre ele, e ele já me chamava de esposa.

Tive uma experiência muito má. Ele realmente tinha problemas de saúde, mas acredito que ele se aproveitou da situação para que eu pudesse cuidar dele até ele sair do hospital. Eu disse-lhe que estava a preparar-me para ir ter com a minha família e que só ficaria ali por mais uma semana, até ele recuperar. Foi durante este período que engravidei. Isto aconteceu dois dias antes de voltar para a casa dos meus pais. Esta era a minha primeira relação e eu não entendia bem o que se estava a passar. Fiquei doente, e a minha família levou-me ao hospital. Lá fizeram-me um teste simples que revelou que eu estava grávida. Chorei amargamente, mas não podia mudar essa situação. A minha família manteve-se em silêncio e ninguém tentou saber porque é que eu não ia voltar para casa. Em pouco tempo, descobri que a minha vida agora tinha tomado um rumo diferente.

Este homem não era diferente do meu pai. Ele bebia álcool, fumava, bateu-me quando eu estava grávida e trazia mulheres para dormir na casa onde vivíamos. Entrei em choque, não estava preparada para aquela situação. A meu ver, eu experimentei a maior humilhação que uma mulher pode enfrentar. Ele atacou-me várias vezes até que, um dia, decidi ir à polícia denunciar o caso, mas eles não fizeram nada, porque ele tinha um irmão que era comandante da polícia. Decidi regressar a casa sozinha.

Surpreendentemente, a minha família acolheu-me e nem sequer me perguntou por que tinha demorado tanto tempo. Quando cheguei a casa, decidi esconder a gravidez, porque sabia que, se os meus pais descobrissem, iriam enviar-me de volta para a casa dele, e eu não queria voltar. Consegui esconder a barriga até aos sete meses de gravidez, mas depois eles descobriram. Implorei-lhes que me deixassem ficar, eu não queria voltar. Fiquei até ao parto, e o meu namorado nunca veio visitar-me.

Assumi o facto de que agora eu era uma mãe solteira e tinha o apoio da minha própria mãe. Decidi procurar trabalho. Eu tinha alguma vantagem, pois sabia ler e escrever.

Fui pedir trabalho num hotel que ainda estava em construção. Perguntaram-me o que é que eu sabia fazer, pois não tinha documentos. Respondi que sabia fazer o que me pedissem para fazer. O técnico de Recursos Humanos perguntou-me por que razão eu queria trabalhar, e eu expliquei-lhe o que me tinha acontecido e ele ajudou-me a conseguir o emprego.

Pela graça de Deus, os proprietários desse hotel eram cristãos. Foi com esse trabalho que consegui organizar a minha vida e cuidar do meu filho. A certa altura, comecei a perceber que o meu filho tinha um problema de saúde, mas não sabia o que era. Muitas vezes tive de o levar ao hospital. Passados alguns anos, conheci um rapaz e começámos um relacionamento. Parecia que tudo iria correr bem. Fiquei grávida e tive um segundo filho.

A dada altura, descobri que o meu namorado era casado e tinha quatro filhos. No entanto, eu já tinha um bebé nos braços. Em resumo, não havia hipótese dele se casar comigo, então fiquei a pensar o que é que havia de errado comigo.

Em 1999, a situação do meu filho mais velho complicou-se. Ele fez uma transfusão de sangue e, devido a um erro dos médicos, recebeu sangue que não era do seu grupo sanguíneo. Ficou doente e a barriga dele começou a crescer. Levei-o ao hospital novamente e descobriram que o sangue que ele recebeu não era do grupo sanguíneo dele, por isso não circulava nas suas veias e formava coágulos. Não sabia o que fazer. A minha mãe veio ajudar-me. O meu filho recebeu uma injeção para dissolver os coágulos, mas infelizmente, o sangue começou a sair pela boca, narinas e ânus. Saiu por todos os canais, até pelos ouvidos. O meu filho perdeu a vida devido a essa situação, e foi muito difícil. Tentei encontrar a razão para esta desgraça, mas não consegui encontrar nenhuma resposta. Chorei muito. Ao mesmo tempo, percebi que o meu outro filho também não estava bem de saúde, e eu não compreendia o que se passava.

Nesse mesmo ano, fui evangelizada pela minha mãe, que já era salva e seguia Jesus. Ela ia a uma pequena igreja que tinha acabado de abrir e, às vezes, ia a uma conferência em Maputo. Um dia, aceitei ir à igreja com ela. Comecei a ler a Bíblia que ela me deu, e Deus começou a revelar-se a mim.

A minha Salvação

Aceitei o Senhor Jesus como meu Senhor e Salvador em 1999, e, embora ainda andasse muito angustiada pela perda do meu filho, tudo o que queria era saber mais sobre Deus. Num culto de domingo, perguntaram quem queria ir para a Escola Bíblica em Maputo, e eu levantei a mão. Era suposto ir para Maputo no dia seguinte. A minha mãe olhou para mim, surpresa, mas eu não me importei. Já tinha decidido deixar o meu trabalho para trás. Estava determinada a ir para Maputo com o meu filho para estudar na Escola Bíblica do Ministério Arco Íris.

Quando cheguei ao centro, percebi que agora tudo iria ser diferente. Dediquei-me aos meus estudos e o bebé ficava na casa das crianças. Terminei o curso em 2000, mas não voltei a província Gaza devido aos problemas de saúde que o meu filho tinha. Havia muitas pessoas que queriam ajudar-me a investigar o problema dele. Entretanto, comecei a cooperar com os pastores na evangelização. Envolvi-me muito no trabalho e cresci espiritualmente. Agora que era salva, tinha decidido acabar com a relação com o homem que tinha quatro esposas. Nesta altura, eu já sabia como orar e procurei a vontade de Deus. O meu filho adoeceu gravemente. Fui ao hospital, mas ele não melhorou. Um dia, ele e eu fizemos um teste de VIH numa clínica e o resultado foi positivo. Não havia tratamento. O meu filho foi internado e morreu. Este foi o segundo filho que eu perdi. Para mim, parecia que o mundo tinha acabado. Perdi duas pessoas que amava muito.

Pouco tempo depois, a minha mãe adoeceu e faleceu. Todas as manhãs perguntava a mim mesma: "O que é que vou fazer agora?" Mas eu sentia que Deus estava comigo, e Ele me sustentou.

A minha saúde, escola e família

Foi em 2001 que tomei consciência do que era o VIH positivo. Não havia tratamento, mas fui acompanhada no hospital e comecei a tomar antiretrovirais. Durante este período, tive problemas de saúde: fui diagnosticada com cancro da pele e tive tuberculose. Fiz os tratamentos e melhorei. Nessa altura, em 2002, a SIDA era sinónimo de mau comportamento. Era muito vergonhoso ter esse tipo de condição médica. No entanto, no centro em Zimpeto havia pessoas que me apoiavam e oravam comigo. Ali voltei a sonhar e decidi voltar a estudar.

Disse a mim mesma que não poderia ter muitas expectativas e esperar que um dia alguém quisesse casar comigo devido à minha situação. Na altura, pensei: se não puder ter mais filhos, vou dedicar-me aos estudos e focar nisso.

Inscrevi-me no 8.º ano em 2002, e a partir daí continuei até completar o 12.º ano. Com o apoio do Ministério Iris, fiz um curso de formação bancária enquanto me preparava para ir para a Universidade. Completei o curso com sucesso. Em 2008, fiz o exame de entrada para duas universidades, mas não fui admitida em nenhuma. No ano seguinte, em 2009, candidatei-me apenas a uma universidade e consegui entrar. Dediquei-me aos meus estudos e completei com sucesso a minha Licenciatura em Administração Pública.

Na minha vida, passei por várias situações difíceis, incluindo doenças e casamentos falhados. No entanto, todas estas situações moldaram a pessoa que sou hoje. Sou uma mulher madura e firme na rocha que é JESUS. Apesar de pensar que já não seria possível começar uma família, conheci o meu marido quando menos esperava.

Conheci este homem quando tinha acabado de chegar a Maputo. Encontrámo-nos num casamento; ele era amigo do noivo e eu era amiga da noiva. Naquele momento, ele pediu-me para ser namorada dele, mas eu disse-lhe logo que isso era impossível porque estava doente. Falei-lhe sobre a minha situação de saúde, mas ele disse que gostava de mim na mesma. Eu respondi: "Aqui vem mais um para me enganar! Nem penses nisso." Ele estava a estudar e depois foi trabalhar para um lugar distante, mas sempre que possível ele contactava-me para saber se eu estava bem e para perguntar se já estava casada. Durante esse período, o meu maior desejo era terminar o meu curso e casar.

Em 2011, marcámos um encontro e começámos a falar sobre muitas coisas, incluindo namorar. A fé deste homem tocou o meu coração. Comecei a orar para que Deus me dirigisse. Começámos a falar ao telefone diariamente, e depois decidimos começar a namorar. Com a ajuda de Deus e de muitas pessoas que nos amavam, conseguimos casar nesse mesmo ano, e agora temos uma família abençoada.

O meu marido, Armando, não tem VIH e ele encorajou-me a continuar a tomar a medicação. Dois anos após o casamento, tivemos a alegria de nos tornarmos pais. A vida sorriu-me novamente e, desta vez, de forma correta, sem vergonha ou embaraço. Eu, que tinha perdido tudo, vi Deus restaurar tudo. Pela graça de Deus, o Armando e eu temos agora dois filhos, Ebenezar e Emanuel. Tenho mais do que suficientes motivos para agradecer a Deus, pois Ele é muito bom.

Há alguns anos atrás, tive a oportunidade de voltar a estudar, e desta vez para fazer um Mestrado Académico sobre Família e Terapia Comunitária na maior universidade do país, a Universidade Eduardo Mondlane.

Este curso foi muito relevante para mim. Adquiri técnicas que precisava para melhorar o meu próprio comportamento, e, portanto, foi um pacote completo sobre tudo o que eu precisava para melhorar o meu trabalho.

Em 2014, juntei-me à equipa de trabalhadores do Iris Global em Zimpeto para trabalhar como secretária e, pouco depois, tornei-me assistente administrativa do Administrador Nacional. Neste momento, sou a Chefe do Departamento de Reintegração dentro do ministério Iris Global.

Esta é uma área que amo de coração. Adoro trabalhar com crianças e suas famílias, e, ao mesmo tempo, isto é o cumprimento de um sonho. Adoro ajudar pessoas. É gratificante perceber que, através do nosso trabalho, várias famílias estão a ser reunidas. Por exemplo, nada se pode comparar com a alegria que sinto quando tiro uma criança das ruas. É muito gratificante. O meu lema é: Deus é muito bom!

Durante todo este percurso, sinto que, se não fosse Deus, eu talvez já não estaria viva. Se Deus me ajudou até aqui, é porque tem um propósito para mim. Aprendi a estar sempre disponível para que a vontade de Deus se cumpra na minha vida. Ao longo deste caminho, aprendi a esperar em Deus.

A passagem bíblica em Filipenses 4:6-7 tem sustentado a minha fé:

"Não andem ansiosos por coisa alguma, mas em tudo, pela oração e súplicas, e com ação de graças, apresentem seus pedidos a Deus. E a paz de Deus, que excede todo o entendimento, guardará o coração e a mente de vocês em Cristo Jesus."

Esta passagem ensinou-me a orar, a ser grata e a confiar a Deus a minha vida.

Hoje, posso dizer sem dúvida alguma que Deus foi e tem sido bom para mim. Hoje estou onde estou, não por causa da minha inteligência, mas pela graça de Deus.

Vi pessoas que morreram de SIDA, cancro e tuberculose, mas eu estou aqui, viva e abençoada, e a contar o meu testemunho ao mundo.

Isto só acontece quando Deus está no controle. A minha vida é um testemunho de que Deus é misericordioso.

Ana Zaida na sua graduação da Universidade

Equipa de apoio social: Ana Zaida, Hilda e Juliana

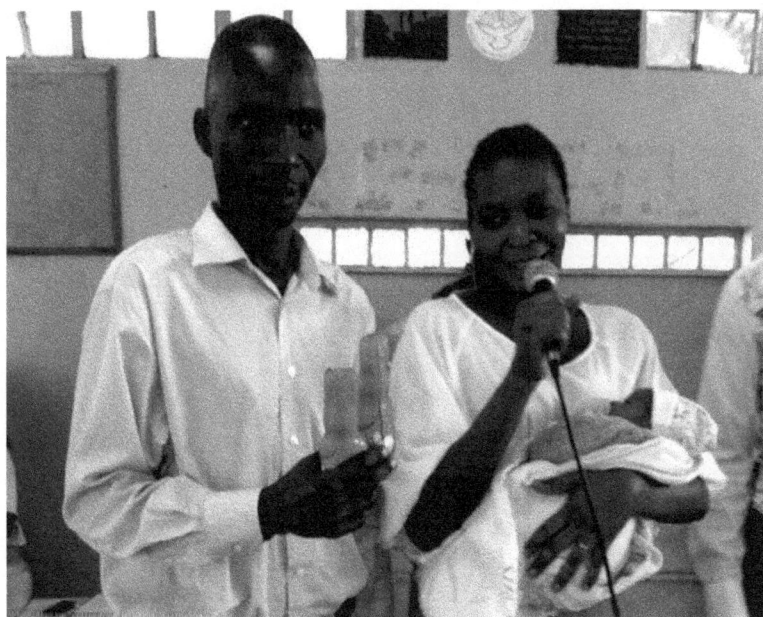

Ana Zaida e Armando

CAPÍTULO 3

A História de Alimo Pedro

O MEU NOME é Alimo Pedro, sou filho de Ginove Chafrão Rhiyun e Luisa Pedro Herculano. Nasci a 4 de outubro de 1996, na província da Zambézia, no distrito de Namacurra.

O meu pai era um curandeiro tradicional e poligamista, tendo várias mulheres. Ele teve quatro filhos com a minha mãe. A minha mãe é católica. Quando a minha mãe engravidou de mim, demorou-lhe cinco meses a ter a certeza de que estava grávida. Ela foi de curandeiro em curandeiro, e todos disseram que havia algo de errado com ela, algo que não podiam resolver. Depois de muitas idas aos curandeiros, no quarto mês, o último curandeiro disse-lhe que apenas o hospital poderia ajudá-los. Ela foi ao hospital e fez vários exames. A enfermeira disse à minha mãe que ela estava grávida. Ela não ficou convencida e pediu para fazer mais exames nos dias seguintes. Novamente, foi confrontada com a mesma notícia. Eu nasci quatro meses depois.

Quando era bebé, estive muito doente, porque a minha mãe não tinha bom leite materno, não tive o privilégio de receber os primeiros alimentos que os bebés recebem. Tive várias doenças, com inchaços por todo o corpo e desmaios repentinos. Os meus pais levaram-me de curandeiro em curandeiro, na esperança de encontrar uma solução. O problema continuava, e a única solução que nos deram foi mudar os "colares" (um "amuleto" tradicional que os bebés usam), que os meus pais acreditavam que davam "proteção".

Aos quatro anos, ainda andava sempre doentio. A nossa base de sobrevivência era a agricultura, e dependíamos de ir aos curandeiros. Éramos quatro pessoas e vivíamos todos numa casa que só tinha um quarto. Nessa altura, a minha mãe teve outro bebé, depois de mim. Ela foi forçada a deixar-me com a minha tia e a irmã dela. Ali comecei a ganhar forças e gradualmente a recuperar, mas ainda usava o tal "colar".

Quando tinha cinco anos, o meu pai perdeu a vida, o que foi uma grande perda para a minha mãe. Nessa altura, eu estava a viver com a minha tia. Estava de boa saúde e a minha mente estava a abrir-se. Depois de alguns meses, a minha família, após receber conselhos dos curandeiros, começou a dizer que eu era o filho escolhido para continuar o trabalho do meu pai como curandeiro. Foi então que o processo de ir de curandeiro em curandeiro começou novamente, para eu ganhar experiência.

Nos dias seguintes, fui enviado para a casa do assistente do meu pai, para que ele pudesse tornar-se o meu mentor. Tinha seis anos, e nesse mesmo ano, um dos meus tios, irmão da minha mãe, visitou-nos. Ele vivia na capital de Moçambique, Maputo, e disse que queria levar-me para lá. Isso causou discórdia entre a família materna e paterna. Depois da morte do meu pai, já não havia mais ligação entre os dois lados da família, então acharam por bem separar as crianças. Sendo assim, ao amanhecer, eu, juntamente com o meu irmão mais velho e o meu tio, partimos para Maputo.

Quando cheguei a Maputo, em 2002, o meu irmão mais velho tinha dez anos. Inscrevemo-nos na Escola Primária de

Khongolote. O meu tio trabalhava por turnos e vivia sozinho antes de nós irmos viver com ele. Tudo era novo para mim e para o meu irmão, mas ele teve de se tornar um homem e cuidar de mim na ausência do meu tio.

Como é fácil de calcular, estar num lugar desconhecido, com apenas dez anos, e a cuidar de uma criança de seis anos, era muito difícil, e facilmente o medo tomava conta de nós. Dormíamos numa casa feita de canas, com buracos nas paredes, e de manhã, quando íamos para a escola, o filho de um dos vizinhos entrava pela brecha na parede e roubava várias coisas. Nós nem notávamos, porque as coisas que tinham sido roubadas não eram nossas. Quando o meu tio voltava do trabalho, ele percebia e chamava-nos a ambos para pedir explicações. Claro que nós dizíamos: "Não vimos nada". Na verdade, era sempre o meu irmão que era questionado, e toda a culpa recaía sobre ele. O meu tio batia-lhe com violência, mesmo à minha frente! Isso foi a minha vida durante todo o ano de 2002, e ainda tinha o problema dos desmaios.

O meu tio amarrava-me como se eu fosse um ladrão qualquer, apesar de ser apenas uma criança. E sempre que ele fazia isso, eu desmaiava.

O meu irmão fugiu de casa porque continuava a ser agredido por coisas que o meu tio dizia que ele tinha feito, e o vizinho continuava a entrar pelo buraco. Nas noites em que o meu tio ia trabalhar, sentia-me sozinho e com medo, desmaiava, estava completamente só e chorava muito.

Desejava voltar para a casa da minha tia, pois ela tinha tido a paciência de ficar comigo quando eu estava doente, quando era bebé. Apesar de tudo, o meu irmão vinha sempre de manhã para ver como eu estava e fugia muito antes do meu tio regressar. Numa manhã, em 2003, o meu irmão veio ver-me como de costume, mas não esperávamos que o nosso tio estivesse por perto. Assim que ele viu o meu irmão entrar, ficou a observar durante alguns minutos. Quando o meu irmão estava prestes a sair, o meu tio apareceu. O meu irmão viu-o e tentou escapar, mas não conseguiu.

O que vi a seguir afetou-me até ao dia de hoje. É claro que já o perdoei, e não tenho ressentimentos, mas desejava não ter visto o que vi! O meu tio amarrou o meu irmão de tal forma que ele não se pudesse mover. Bateu-lhe de tal forma que pensei que o ia perder. Os meus olhos estavam todos vermelhos de lágrimas. Durante todo o dia, o meu tio proibiu-me de lhe dar alguma coisa para comer, alegando que era ele quem andava a roubar a casa.

No dia seguinte, o meu tio fechou a porta enquanto eu estava lá dentro com o meu irmão. Disse-me para não ir à escola. Quando ele saiu para trabalhar, não tive outra opção senão desamarrar o meu irmão. Naquela noite, o meu tio ia dormir no trabalho, então decidi fugir com o meu irmão. Ficámos na escola durante a noite, em salas onde não havia segurança nenhuma. O meu tio voltou do trabalho e viu que não estávamos em casa. Durante uma semana, dormimos nas salas dessa escola, e eu estava muito doente. Durante o dia, tínhamos de sair e ficar na rua!

Um dos jovens que conhecia a minha tia disse-me: "Eu conheço um lugar onde podes ficar melhor." O meu irmão, vendo como eu estava doente, não hesitou e fomos para o Ministério Iris, onde recebi os primeiros socorros e comida!

Cheguei ao Ministério Iris em 2003, onde fui acolhido. Conheci muitas crianças lá. Parecia-me tudo muito estranho e sentia-me muito sozinho. Pouco a pouco, comecei a abrir o meu coração. Chegámos no início do ano, onde pude voltar à primeira classe. A professora chamava-se Sandra, e teve muita paciência comigo. Ela disse-me: "Sei que és inteligente, só tens que te esforçar mais!"

A minha rotina de vida começou a mudar. Comecei a assistir às reuniões na Igreja, às cerimónias de graduação, aos cultos de terça-feira, ao programa familiar às quartas-feiras, cultos às quintas-feiras e domingos, incluindo todas as atividades de lazer. De repente, comecei a sentir que fazia parte de uma família! A primeira vez que recebi presentes no Dia da Criança (1 de Junho) foi uma enorme alegria. Eu sabia que tinha de ir à escola e acreditava que tinha direito a tudo. Quando estava na segunda classe, com a professora Ivone, as palavras da minha professora da primeira classe começaram a tornar-se realidade. Tornei-me o melhor aluno da turma, ganhando o prémio mais alto da primeira classe, oferecido pela escola. Esse prémio trouxe muitos outros.

Quando cheguei ao 5º ano, comecei a sentir a falta dos meus pais. Embora fosse sempre o melhor aluno da turma, só recebia prémios simples no pódio, enquanto outros alunos que apenas passavam de classe recebiam bicicletas e jogos dos seus pais!

Toda a minha família me deixou para trás. Ninguém da minha família biológica estava à minha procura. Embora eu tivesse uma "nova" família, comida, amigos e brinquedos, o vazio ainda existia, até que, em 2009, conheci alguém que estava mais presente na minha vida e entendia a minha dor. Ela motivava-me com sua maneira positiva. O nome dela é Clara, uma missionária do Brasil.

O que eu realmente precisava era de alguém que estivesse lá para mim a tempo inteiro, que me entendesse e me deixasse chorar no seu colo! E a missionária Clara foi essa pessoa. Deixei de vê-la apenas como uma missionária. Nela, encontrei uma mãe. Foi nessa época que comecei a aprender mais sobre a minha vida e a seguir os ensinamentos que tinha recebido ao longo dos anos, desde que entrei no Ministério Íris. (Embora o Zimpeto fosse um lugar de adoração cristã, a minha mente ainda não era capaz de entender as diferenças entre as várias religiões. Naquele tempo, eu apenas assistia a todos os programas sem objeção).

Através da paciência de Clara e dos seus ensinamentos bíblicos, discipulado e programas de leitura, a minha vida começou a mudar. Mas Clara começou a perceber que algo me estava a perturbar. Eu também queria abrir o meu coração para ela, por isso contei-lhe o que se passou na minha vida. Ela ficou emocionada e orou por mim. Aceitei imediatamente Cristo como Senhor e Salvador, e a partir daí, tudo começou realmente a avançar. Comecei a sentir-me mais completo e sem aquele vazio. Clara esteve sempre ao meu lado, assim como os meus amigos e irmãos na fé. Fui baptizado a 4 de outubro de 2010, e foi um dia significativo na minha vida.

Naquela altura, tive a honra de liderar um grupo de oração de estudantes. Numa das noites, quando estávamos na casa de oração, por volta das 18:00, no início do nosso programa habitual (às sextas-feiras, a sirene para a hora de dormir soava às 21:00), começámos a buscar a Deus com as nossas vozes e perdemos a noção do tempo. Senti a Sua presença e um toque de Deus muito especial. Senti que estávamos noutro lugar.

Quando paramos de orar, já eram quase 23:00h, e havia alguns missionários que se tinham juntado a nós e que também estavam a orar! Fiquei surpreendido com a hora e pensei: "O que é que eu vou dizer aos 'pais' do dormitório?", porque havia raparigas ali a orar comigo, e eu era o líder. (Era proibido estarmos ali após a sirene tocar, e as raparigas tinham que ficar na sua área logo após o jantar, mas agora já eram 23:00h).

No entanto, quem estava lá sentiu a presença de Deus, e estava grato pelo momento que tivemos. Foi uma das melhores experiências com Deus! A partir desse dia, continuei a ter experiências com Deus e fui convidado a juntar-me ao grupo de louvor das reuniões de oração. O meu percurso como pregador começou nessa altura, e a minha mente estava completamente voltada para a Bíblia. Sempre que alguém procurava um versículo da Bíblia, na maioria das vezes perguntavam-me a mim. Em 2012, participei num dos maiores eventos evangélicos, a missão África, e partilhei o púlpito com grandes homens de Deus. Foi um dos maiores eventos que marcou a minha caminhada com Deus!

O cristão esforça-se por abandonar o pecado e pede ajuda a Jesus para alcançar esse alvo, seguindo todos os dias o caminho estreito que nos leva a Deus. Sim, admito que não foi fácil, e ainda não é fácil negar os meus desejos e seguir os do Criador! No entanto, apesar dos contratempos e escolhas que fiz, também alcancei várias vitórias; fui o melhor aluno do 2º até ao 10º ano. Senti que trouxe orgulho e honra ao lugar onde cresci, mas também me trouxe alguns desafios, nomeadamente as raparigas se sentirem atraídas por mim. Lembro-me de uma vez em que uma das raparigas se atirou para cima de mim na escola. Fugi da escola e contei à Clara sobre esse episódio. Conversámos e orámos. Tornei-me um jovem mais ponderado.

Em todas as minhas experiências com Deus, algo muito forte permaneceu comigo: os meus objetivos eram unir a família numa só e que todos aceitassem Cristo. Isso sempre fervia dentro de mim. Tudo o resto virá e irá, exceto a palavra de Deus!

Depois de viver a vida de "príncipe" no centro, chegou a altura de eu ter uma vida fora das quatro paredes do Ministério Iris. Em Janeiro de 2015, tive de deixar a casa onde cresci. O Papa Steve, que estava a par da minha caminhada com Deus, chamou-me para conversar. Ele encorajou-me a seguir em frente e disse que tinha uma casa em Marracuene para mim. Isso fazia parte do projeto juvenil do Ministério Iris – um centro com casas para jovens mais velhos sem família. Eu disse-lhe que queria viver com alguém da minha família biológica para poder me aproximar deles e conhecê-los, pois desde que me separei deles em 2003, nunca mais os tinha visto. A equipa de Reintegração já tinha localizado a casa do meu tio e informado-o sobre os anos que vivi no Ministério Iris. Sabendo disso, o Papa Steve não me impediu de ir viver com a minha família. Fui para a casa do meu tio. Sim, aquela mesma casa da qual o meu irmão e eu tínhamos fugido todos aqueles anos atrás devido a maus-tratos. Este seria um grande desafio.

Quando cheguei lá, já estava a frequentar o segundo ano do curso de Química Analítica no Instituto Industrial de Maputo. Na casa do meu tio, fiquei num quarto onde ele guardava os pratos, panelas, etc. No primeiro mês, as coisas correram maravilhosamente. Depois disso, quando as aulas começaram, tudo começou a correr mal. A carga horária no Instituto era muito pesada, de 7:30 às 17:45, e por isso eu chegava a casa muito tarde. Isso irritava o meu tio, que dizia que aquela não era a minha casa e que eu tinha de me certificar de que chegava a casa a horas. Mas os atrasos eram inevitáveis devido ao horário e aos meios de transporte.

O segundo problema era com a comida. O meu tio cozinhava para ele próprio e lavava logo a loiça. Quando chegava às 8 da noite, ele trancava a casa, mesmo que eu lhe pedisse permissão para chegar mais tarde. Eu era obrigado a dormir na varanda.

Isso fez-me pensar muito. Nunca tinha tido de dormir fora de casa. Ali, eu tinha a família, mas não tinha comida, e no entanto sabia que havia ali perto um dormitório do Ministério Iris, onde havia tudo. Levei esse fardo todo sozinho, mas depois entrei em depressão. Acabei por desistir do curso no segundo ano. Fiquei em casa o ano todo, deprimido. Ouvia as palavras do meu tio dia e noite: "Esta casa não é tua nem da tua mãe". A minha mãe estava na Zambézia (cerca de 1600 km por estrada), mas eles mantinham um bom contacto um com o outro. Sentia-me sozinho e encurralado.

Nesse mesmo ano, surgiu a oportunidade de viajar para a Zambézia. Lembro-me de falar à Clara sobre a viagem, e ela não ficou muito contente. Tive de fingir que estava tudo bem comigo e que o plano era ir limpar o túmulo do meu pai e fazer uma cerimónia em sua memória.

Era suposto pedirmos aos nossos ancestrais para termos sorte e orientação. Era nisso que a minha família acreditava.

Quando percebi que esse era o plano, recusei-me a ir e disse à minha mãe: "Os que estão vivos não se importam comigo. Por que devemos pedir ajuda aos mortos?" Então, ela disse-me que o irmão dela tinha razão em tudo o que ele estava a fazer. Senti que estava num lugar que não me pertencia. Fizeram a cerimónia. A minha mãe contou tudo o que eu tinha dito ao irmão dela.

Quando voltei a Maputo, fiquei doente na primeira semana e estava muito em baixo. Aguentei o ano todo assim, desencorajado, mas depois pensei para mim mesmo: "Eu sei que sou inteligente, e sei que se ficar fechado aqui dentro desta casa, nunca vou ter nada". Então, decidi levantar-me novamente.

Em 2016, ganhei forças e voltei a estudar no Instituto Industrial e Comercial de Matola.

Comecei a estudar e a dar explicações. Lembrei-me das palavras que o Papa Steve me disse na casa dele: "Podes sempre falar comigo diretamente sobre qualquer coisa relacionada com a escola".

Na altura, ele deu-me uma quantia mensal para cobrir as necessidades básicas da formação. É importante notar que eu ainda recebia esse valor mesmo depois de ter deixado o Ministério Iris. Naquela época, eu saía do instituto e ia dar explicações, chegando em casa tarde. Quando estava na casa do meu tio, houve vezes em que até tive de dormir na casa de banho, com os mosquitos e as baratas, e passei muito frio. Só conseguia entrar dentro de casa lá para as 3 da manhã, quando o meu tio ia à casa de banho. Ele dizia-me: "Queres matar-me de susto? Por que é que estás a dormir na minha casa de banho?"

Chorei muito. Estava muito magro e com fome. Às vezes, ficava sem dinheiro para o transporte, porque precisava de usar o dinheiro para comida. Eu saía de Matola às 7 da manhã a pé e chegava às aulas à tarde.

Graças a Deus, o meu desempenho no Instituto foi sempre positivo. Passei o segundo ano em 2017. No início do ano, vi lá uma rapariga linda, mas quando a via, sentia-me tímido. Nunca falei com ela por causa da minha situação. Eu mal tinha uma cama para dormir. No entanto, fiz amizade com ela e sempre que ia para a escola, gostava de falar com ela. Ela compreendia--me e ouvia-me, ou pelo menos eu achava que sim. Comecei a habituar-me a dormir na casa de banho, ao relento, e a dormir sem jantar. Habituei-me àquela vida e sofria sozinho naquele quintal. Estava feliz na escola e no Ministério Iris, quando dava aulas, porque gosto de ajudar os outros.

Em 2017, contraí malária, do tipo que não era facilmente detetável. Lembro-me de que adoeci, mas continuei a ir para o Instituto todos os dias. Preferia ir para lá doente do que ficar naquela casa. No final do mês, quando recebi o meu salário das explicações, fui ao centro de saúde em Matola. Fiz um exame de sangue e descobriram que a malária estava num estado avançado. O médico disse: "Se tivesses passado mais alguns dias sem tomares medicação, podias ter morrido." A minha hemoglobina estava baixa. Peguei na receita médica e mostrei à Clara. Os olhos dela estavam vermelhos. Acredito que ela sentiu que algo estava a correr mal comigo lá em casa, apesar de eu não lhe ter contado nada.

Mesmo com essa doença, nunca havia paz em casa. Nesse mesmo ano, o meu tio adoeceu e foi internado no Hospital Central de Maputo. Todos os dias, saía dos meus estudos mais cedo, chegando a faltar às aulas, para preparar comida para ele e levá-la ao hospital. Mesmo assim, isso não foi suficiente para amolecer o coração do meu tio.

Em 2018, estava no terceiro ano e já tinha um pouco menos de pressão em relação ao tempo, então comecei a chegar mais cedo em casa e passei a passar mais tempo lá. Quando comecei a passar mais tempo em casa, outro assunto surgiu: "Tu só comes e não trazes nada para casa. Esta não é a tua casa nem da tua mãe", continuava a dizer o meu tio.

Nessa altura, comecei a comprar cebolas e sopa, aqui e ali. Depois de ouvir as queixas do meu tio, comecei a comprar caixas de peixe seco. Um dia, em dezembro de 2018, comprei peixe, coloquei-o no congelador e fui passar um fim de semana na casa de um primo em Matola. Quando voltei da casa do meu primo, o meu tio estava sentado à espera de mim e disse: "Compraste peixe e puseste no meu congelador, e não pagaste pela eletricidade. Queres desperdiçar a minha eletricidade?" Ele tinha desligado o congelador e, com isso, o peixe estragou-se. Para ser honesto, senti vontade de lhe atirar com o congelador, mas simplesmente continuei a chorar e dizia a mim mesmo: "Que mal é que eu fiz à minha família?" Limpei o congelador e fiquei.

Todas as manhãs, quando me levantava, havia sempre uma atmosfera muito tensa. Por isso, eu esperava ansiosamente que chegasse rapidamente a hora de ir para o Instituto. Infelizmente, ou felizmente, as minhas aulas terminaram, e passei a tudo. O próximo passo seria o estágio.

Fui a casa e disse ao meu tio: "Terminei o curso, passei a tudo. Tudo o que preciso agora é de um estágio". E o meu tio respondeu: "Não vou à procura de estágios para criminosos."

Em 2019, o meu costume era sair de casa cedo para o estágio e voltar tarde. Não comia nada, mas mesmo assim, tinha que dormir na casa de banho ou na varanda. Quando chovia, ficava todo molhado. Quando não chovia, tinha calor, e os mosquitos me picavam. Essa situação fazia-me ficar zangado. Agora, já não tinha os meus estudos para me trazer algum alívio. Saí da casa do meu tio durante dois meses e fiquei com alguns amigos. Nessa altura, já tinha encontrado um estágio na "Águas de Moçambique" na cidade.

Depois de ter estado mais de dois meses na casa de um amigo, voltei para a casa do meu tio. Já não conseguia suportar mais tudo o que estava a passar. Liguei para a Clara e disse: "Preciso de falar contigo." Ela respondeu imediatamente: "Alimo, vou estar à tua espera amanhã."

No dia seguinte, fui vê-la. Sentámo-nos e contei-lhe tudo o que escrevi aqui. Ela chorou e disse que iríamos resolver a situação naquela semana. A Clara lamentou não ter sabido antes de tudo o que estava a acontecer. Não demorou muito até que uma casa do Iris ficasse disponível para eu me mudar. Poucos dias depois, mudei-me para a nova casa!

Essa mudança deixou a minha família chateada. A minha mãe ligou-me e disse: "Abandonaste a pessoa que pagou pela tua educação de alta qualidade, a pessoa que cuidou de ti, a pessoa que providenciou um teto sobre a tua cabeça."

Em janeiro de 2020, surgiram oportunidades de trabalho na mesma empresa onde fiz o estágio. Nesse mesmo ano, fui admitido na Universidade Eduardo Mondlane. Não escondi as minhas emoções. Partilhei-as com as pessoas que estavam felizes por mim, com a Clara e o seu marido Augusto, o Papa Steve, a Mana Ros, e outros.

A alegria não parou por aí. Recebi do Papa Steve e da Mana Ros um terreno como presente. O meu coração não conseguia lidar com tantas emoções.

Num sábado, fui surpreendido pela visita dos meus primos, tios, tias e cunhadas. Recebi-os de boa vontade, sem saber que eles já sabiam onde eu estava. Aproveitei para contar às pessoas sobre as grandes conquistas da minha vida, mas para a minha família, tudo parecia uma piada. Um dos meus primos disse: "Por que é que estás feliz? E por que é que continuas a estudar? Em 2027, tu vais morrer."

Quando a minha família saiu, eu orei à entrada do quarto. Falei com a Clara, a minha mentora espiritual, e orámos juntos. É muito bom ter uma mentora espiritual. Não demorou muito até que a minha mãe ligasse e dissesse: "A tua sorte deve-se ao teu pai e ao teu avô – o pai do teu tio que abandonaste. Agora que tens um emprego, achas que não vais precisar dele?"

Eu respondi: "Mãe, durante muitos anos ele falou mal de mim e fui maltratado por ele. Mesmo depois de arranjar um emprego, o meu tio continuava a atirar-me pedras." No entanto, fui-me tornando cada vez mais maduro e forte.

Em 2020, encontrei a rapariga de quem falei antes, e a nossa relação começou a crescer. Apresentei-a à Clara e ao seu marido, Augusto. Em 2021, tornei-me namorado daquela jovem linda e maravilhosa. Ela fez parte da minha recuperação, simplesmente por me dar atenção e por se tornar uma pessoa importante na minha vida.

Em 2022, o meu tio ficou doente novamente e precisou de sangue. Ele me telefonou enquanto eu estava a dormir. No dia seguinte, tentei retornar a chamada, mas não tive sucesso. Envie-lhe uma mensagem e não obtive resposta. Só mais tarde, soube por uma das minhas tias que o meu tio tinha reunido a família na província e dito: "O Alimo disse que nunca mais viria à minha casa, e prefiro que ele morra sem mim." Quando soube disso, falei com a minha noiva, e ela acalmou-me.

Numa das reuniões de família, na casa do meu tio, pedi para falar e disse-lhe tudo o que eu tinha passado. Confrontei-o sobre as mentiras e os rumores que ele espalhou sobre mim. A minha intenção não era envergonhá-lo, mas sim deixar tudo claro, para não ouvir mais acusações. Quando terminei, ninguém na família disse nada, nem mesmo ele. A partir desse momento, ele começou a me respeitar. Telefonava-me, vinha me visitar, e eu também ia à sua casa, sem problemas.

Em Dezembro de 2023, o meu tio faleceu enquanto eu estava fora, numa viagem de trabalho. Esperaram que eu voltasse, e então tratei de todo o protocolo do funeral. Depois de tudo estar resolvido, estava a caminhar com a minha mãe quando alguns vizinhos pararam e me disseram: "Estás diferente. Depois de tudo o que o teu tio te fez, ainda foste visitá-lo e trataste do funeral. Parabéns." Quando chegámos a casa, a minha mãe pediu-me para ficar um pouco mais de tempo e começou a falar sobre como o irmão dela lhe pediu desculpa por tudo o que me fez passar, e por tudo o que ele nos fez em 2003. Eu disse-lhe que o meu coração estava limpo.

Hoje em dia, sou um jovem que ajuda outros jovens, cuido deles e também cuido da minha família. Juntamente com a minha noiva, estamos a construir uma história de fé e amor. Somos jovens que temem a Deus. Hoje, já posso falar sobre Jesus com a minha mãe biológica. Enfatizo a palavra "biológica" porque tenho duas mães que ocupam o lugar de mãe no meu coração.

Atualmente, sou um jovem abençoado não só profissionalmente, mas em todos os aspectos da minha vida. Graças a Deus, tenho uma noiva linda e amorosa ao meu lado, com quem em breve me casarei.

Confie sempre em Deus! Espere por Ele, pois Ele tem o melhor para cada um de nós.

Alimo no trabalho

Alimo com a sua noiva Leicha

CAPÍTULO 4

A história de Aniceta Martins

O MEU NOME é Aniceta Martins. Nasci a 15 de fevereiro de 2001. Cresci numa família com seis irmãs. Quatro de nós éramos filhas do mesmo pai e da mesma mãe. Eu era a mais nova, e a minha mãe teve duas filhas com outros companheiros.

Quando tinha seis anos, já tinha muita noção das coisas. Por outras palavras, já percebia o que se passava à minha volta. Nessa altura, a relação entre os meus pais não estava bem e acabaram por se separar. Foi então que começaram muitos problemas.

O meu Pai bebia muito e fumava muito. Viver com o meu Pai era muito assustador e perigoso. Ele abusou sexualmente das minhas irmãs. Mas na altura eu não sabia disso, até que um dia ele tentou ter relações sexuais comigo mas eu recusei. Desde essa altura o meu Pai pôs-me de ponta e já não era a filha preferida dele. Ele ignorava-me. Tudo era para as minhas irmãs, porque ele fez delas mulheres dele.

Algum tempo depois, o meu pai ficou doente. Tinha SIDA e transmitiu a doença às minhas irmãs. Naquela altura, em 2008, uma das minhas irmãs morreu. Então fui morar com a minha mãe, mas ela faleceu em 2010, também de SIDA. Nessa altura, eu tinha 9 anos e tive de voltar a viver com o meu pai. Quando lá cheguei, todos estavam doentes — as minhas duas irmãs e o meu pai. Tive de aprender a cuidar deles. Isso incluía lavar, cozinhar, preparar tudo para eles e também procurar comida. A situação era muito difícil.

Em 2012, perdi outra irmã, mas o meu pai nunca mudou. Ele apenas intensificou os seus vícios. Nessa altura, uma das minhas irmãs mais novas, filha de outro pai, teve de ir viver connosco porque também tinha perdido o pai dela. Esta irmã estava muito doente, como o meu pai, pois ele continuava a tratá-la como se ela fosse mulher dele. Não conhecíamos Jesus e ninguém ia à igreja. O que importava era tentar sobreviver.

A minha maior tarefa era proteger a minha irmã mais nova e a mim mesma, para que não corrêssemos o risco de nos tornarmos mulheres do meu pai. Viver com medo da pessoa que supostamente devia ser o nosso protetor era muito perturbador para mim. Sentia uma raiva e um ressentimento constantes em relação ao meu pai. Olhava para ele como uma aberração, porque tudo o que aconteceu na minha vida, cada perda que sofremos, foi culpa dele. Ninguém me podia convencer do contrário, porque fui eu quem viveu cada infortúnio por que passámos.

Lembro-me em detalhe dos dias em que fomos dormir sem ter comido nada, e dos dias em que tive de ir bater à porta dos vizinhos para pedir comida para o meu pai. A minha irmã e o meu pai precisavam de medicação, pois já não estavam em condições de fazer nada por si mesmos.

Um dia, aconteceu um milagre. Nunca me esquecerei do dia em que a equipa de Ação Social do ministério Iris me deu esperança e prometeu cuidar de mim e das minhas irmãs. Como disse na altura, nós não conhecíamos Jesus, mas a esperança surgiu dentro de mim. Rapidamente, ficou claro que eu precisava realmente de Jesus para mudar a situação em que me encontrava. Queria mesmo que Jesus mudasse a minha história — e foi nesse dia que tudo isso começou a acontecer.

A equipa de Ação Social do Ministério Iris disse-me que era possível mudar a minha vida. Era como se estivesse a sonhar. As minhas irmãs e eu fomos viver para o centro em Zimpeto. Eles acolhiam crianças como nós — crianças que precisavam de esperança, carinho, cuidados, muito amor e de Jesus.

Perdi o meu pai nesse ano, em 2014, pois ele estava muito doente. As pessoas do centro tentaram cuidar muito bem da minha irmã Benedita, dando-lhe todo o seu amor e atenção, para que ela pudesse recuperar. Mas a doença já tinha tomado conta do seu corpo, e ela não conseguiu lutar contra a enfermidade. Perdi a minha irmã Benedita — e foi muito triste. A minha história é, em muitos aspetos, uma história de perdas.

Continuei a viver no centro durante muito tempo, juntamente com a minha irmã mais nova. Aprendemos muitas coisas, incluindo conhecer Jesus e recebê-Lo como nosso Senhor e Salvador. Percebi que, graças a Ele, já não precisava de sofrer. Graças a Ele, a minha irmã e eu tínhamos vida. Graças à Sua misericórdia, existiam pessoas como as do Ministério Iris — com corações enormes e empatia — para nos apoiar e mostrar-nos como seguir em frente. Mostraram-nos o quão fortes e capazes éramos de alcançar grandes coisas.

Tivemos uma excelente escola e uma boa educação, e isso foi essencial. Estudámos muito e conseguimos libertar-nos, em parte, do nosso passado de sofrimento. Em 2019, a minha irmã foi viver com a nossa tia, que alegou não me conhecer e rejeitou-me completamente. Em 2020, fui reintegrada numa família local.

Quando terminei o 12.º ano, consegui entrar na universidade, graças a Deus e à ajuda incondicional do Ministério Iris.

Depois, em 2022, perdi a minha irmã mais nova, que foi encontrada morta — e isso foi extremamente doloroso.

Em 2023, fui viver com outra família, pois a minha relação com a primeira era difícil. Passei a viver com uma família maravilhosa da igreja — a Laurinda, viúva do Pastor Nico, e os seus cinco filhos. Ganhei uma mãe e irmãos, e isso teve um grande impacto na minha vida.

Hoje, estou a terminar o meu curso universitário em Contabilidade e Auditoria, com o apoio do Ministério Iris, do Papa Steve, da Mana Ros e dos seus amigos — pessoas de bom coração, que me ajudam financeiramente para pagar as propinas. Sinto-me muito apoiada e sustentada pelas suas orações.

Por tudo isto, tenho muito a agradecer a Deus. O meu coração e as minhas palavras parecem não ser suficientes para expressar a gratidão pela enorme diferença que Ele fez na minha vida. Alcancei muitas coisas e tenho paz no meu coração todos os dias.

Hoje, quando olho para trás, vejo que sobrevivi porque o Senhor me ajudou. Só posso agradecer-Lhe pelo preço que Ele pagou — e continua a pagar — por mim, para que eu tenha vida em abundância e esteja rodeada de pessoas com corações grandes e humildes.

O Senhor deu-me muita força e mudou a minha história. Ele fez-me acreditar no impossível.

Aniceta

Com as suas companheiras de casa Anifa e Fátima

Com a Pastora Laurinda

CAPÍTULO 5

A história de Armando Nguenha

O MEU NOME é Armando Fenías Nguenha. Nasci na cidade de Maputo, a 27 de dezembro de 1992. Sou o primeiro filho dos meus pais. A minha avó paterna conta-me que, após o meu nascimento, os meus pais foram informados pelo hospital de que eu tinha um tipo de deficiência visual e que, mais cedo ou mais tarde, ficaria cego. Ela também afirma que os meus pais ignoraram esse aviso. E assim foi: a minha visão foi-se deteriorando até aos três ou quatro anos. Nessa altura, de repente, comecei a ver apenas escuridão. As minhas tias disseram que os meus olhos mudaram de cor e que já não podia andar sozinho em casa sem apoio.

Pais e irmãos

O meu pai nasceu no distrito de Marracuene e migrou para a cidade de Maputo com os seus pais e irmãos, para o bairro do Chamanculo, onde cresceu até conhecer a minha mãe. Ela também nasceu no bairro do Chamanculo, mas cresceu em Tenga, no distrito rural de Moamba, na província de Maputo. Devido à intensificação dos 16 anos de guerra civil que se espalhou pelo interior da província de Maputo, a família da minha mãe foi forçada a voltar para o Chamanculo, onde o meu avô materno tinha duas residências.

Infelizmente, essa decisão fez com que a minha mãe deixasse de ir à escola, porque na cidade a vida era cara e diferente do distrito rural, onde dependiam da agricultura. Assim, ela foi forçada a procurar trabalho. Conheceu o meu pai enquanto trabalhava como empregada numa casa que ficava a cerca de 900 metros da casa dos pais dele. Eram quase vizinhos e percorriam o mesmo caminho para ir trabalhar. Começaram a namorar e, em seguida, ela ficou grávida de mim. Teve de viver com o meu pai, na casa dos pais dele.

Como nasci com uma deficiência visual, apesar de esta não se ter manifestado logo no início, começaram a surgir uma série de acusações. Em África, é muito comum atribuir a culpa de deficiências (seja ao nascer ou quando aparecem mais tarde) e outros acontecimentos anormais à bruxaria. Isso aconteceu na minha família, e ambos os lados acusavam-se mutuamente. A família da minha mãe acusou a minha avó paterna de ter dado algum remédio à minha mãe enquanto ela estava a amamentar. Por outro lado, a minha avó paterna acusou a minha mãe de negligência. Outros membros da família foram ainda mais longe, dizendo que era algo hereditário, já que a mãe do meu avô materno era cega.

Todo esse clima causou dificuldades no relacionamento dos meus pais. Diziam que eu não era filho do meu pai, uma situação que se agravou devido ao facto de o meu pai beber muito álcool e andar com muitas mulheres, e, portanto, diziam que eu era filho de um polígamo. Ele engravidou outra mulher, que foi forçada a ir morar com ele na casa dos pais dele, juntamente com o filho deles, o meu primeiro irmão. A mãe dele era perfeita aos olhos da minha avó, mas o meu pai ainda tinha sentimentos pela minha mãe e continuava a encontrar-se com ela. A relação deles era muito volátil e havia muitas discussões. Por causa disso, andei de casa em casa e, por vezes, ficava a viver com a minha avó materna ou na casa dos tios e tias dela. Durante uma das visitas da minha mãe à casa do meu pai, ela acabou por engravidar e teve uma menina. Esta foi a segunda filha do lado do meu pai, e a primeira do lado da minha mãe a nascer sem deficiências, o que tornou a relação entre as duas famílias mais razoável. Parecia que os meus pais iam ficar juntos para sempre, mas isso não aconteceu, porque o meu pai engravidou novamente a mãe do meu irmão. Ela teve outro rapaz, e isso gerou uma briga muito feia com a minha mãe, que não queria essa mulher nem os seus filhos por perto. Ela terminou o relacionamento com o meu pai definitivamente, mas ele insistiu em mantê-lo, o que forçou a minha mãe a tomar uma decisão que mudou completamente a minha vida.

Ela deixou a cidade e voltou para Tenga, juntou-se a um grupo de amigos e decidiu emigrar para a vizinha África do Sul. Queria arranjar um emprego e afastar-se ainda mais do meu pai. Isto foi em 1997, quando eu tinha 5 anos e ainda estava a receber tratamento para os olhos.

Ela disse que queria emigrar comigo e com a minha irmã, mas o meu avô não a deixou, porque iríamos fazê-lo de forma ilegal. A entrada no país seria a pé, a caminhar pelo mato e depois passar a cerca, e não pela fronteira oficial. Seria muito arriscado, pois havia pessoas que fizeram isso e que nunca mais voltaram. Assim, ela fugiu enquanto eu estava com os meus avós na quinta e levou a minha irmã, que tinha apenas 1 ano na altura. Conheceu outro homem e teve mais quatro filhos; portanto, eu tenho cinco irmãos e irmãs que nasceram da minha mãe e dois do meu pai.

A história da minha deficiência e educação

Como já mencionei anteriormente, a minha visão deteriorou-se entre os três e os quatro anos de idade. Nessa altura, a minha família levou-me ao Hospital Central de Maputo, onde fui submetido a uma cirurgia no olho direito. Recomendaram que continuasse com o tratamento e que, mais tarde, fizesse uma operação ao segundo olho. Depois de a minha mãe fugir para a África do Sul, o meu pai tornou-se alcoólico, pois pensava que ela tinha morrido no mato e que ninguém sabia onde ela estava. Isso afetou a sua capacidade de providenciar para mim e ajudar-me.

Em 2001, o meu pai faleceu, o que tornou a situação ainda mais complicada. A partir desse momento, fiquei responsável pela minha avó, que já era muito idosa. Ela vivia da subsistência da sua pequena horta e do pouco apoio que os meus tios lhe davam. Continuava sem notícias da minha mãe e, por isso, sentia-me como um órfão.

Um dia, quando fui a uma consulta aos olhos, a minha tia também estava lá com o meu primo, e viu uma missionária do ministério que trazia consigo uma criança. Elas começaram a conversar, e a missionária ofereceu à minha tia a oportunidade de levar o meu primo para o centro para receber apoio. A minha avó ficou agradecida, mas preferiu que fosse eu a receber ajuda. A minha avó e outra tia que a acompanhava levaram a missionária à secção onde eu estava. Contaram a minha história e disseram que estavam a ter dificuldades em comprar os medicamentos e em continuar com o tratamento. Também lhe contaram que havia uma operação que tinha sido adiada por falta de recursos. A missionária ficou sensibilizada com a situação e acabou por me dar o endereço do centro e os requisitos necessários para eu entrar.

A minha avó estava ansiosa com isso porque tinha medo de perder mais alguém na família. O que ela queria era simplesmente apoio financeiro para que eu pudesse continuar com os tratamentos. No entanto, as minhas tias achavam que eu iria ser melhor tratado noutro lugar, porque houve um incidente em que me perdi enquanto brincava com os meus primos e acabei por ser encontrado pela polícia, que teve de ir buscar-me à esquadra. Numa outra vez, também me perdi e fui encontrado por um amigo do meu pai. A minha avó tinha de me levar consigo para onde quer que fosse para me proteger, o que já era arriscado devido à sua idade avançada. Era difícil para ela andar pelas estradas movimentadas de Maputo.

Depois de convencer a minha avó a aceitar que eu fosse admitido no centro de crianças, a minha tia e a minha avó foram até ao centro e explicaram a minha situação. Depois de apresentarem os documentos exigidos pela direção, fui acolhido e comecei a viver lá.

Não foi fácil no início, pois era um grande desafio viver com crianças que eu não conhecia, especialmente com o problema da visão muito reduzida. Com o tempo, acabei por socializar, fiz muitos amigos e alguns deles ajudavam-me com o que eu necessitava. A minha avó vinha ver-me pelo menos uma vez por semana, e às vezes eu ia visitá-la.

Com a ajuda do centro continuei o tratamento, mas, segundo um dos médicos, já era tarde demais para avançar com a operação. O médico recomendou que eu fosse para o Instituto para Deficientes Visuais na Beira, para poder estudar. Vale a pena mencionar que, até aquele momento, eu não estava matriculado na escola. Quando comecei a viver no Ministério Iris (agora chamado Iris Global), ia às aulas mas não conseguia ler nem escrever. Apenas ouvia.

Em 2003, viajei para a Beira com outra rapariga também com deficiência visual, cujo pai trabalhava no centro. Mas, antes disso, enquanto nos preparávamos para a viagem, fui visitar a minha avó para me despedir dela. Foi então que a minha mãe reapareceu numa tarde quente, no dia 23 de dezembro de 2002, precisamente quando nos preparávamos para voltar à cidade. Foi um reencontro com uma mistura de sentimentos — raiva, alegria, tristeza — porque, na altura, eu não entendia muito bem as coisas e estava convencido de que a minha mãe me tinha abandonado e que provavelmente tinha acabado por morrer no mato, comida por um leão. Ela pediu desculpa pelo que aconteceu, mas disse que já tinha encontrado outro marido e que tinha vindo buscar-me para viver com eles.

A minha avó e eu preferimos que eu fosse para a Beira estudar, embora a minha avó ainda estivesse ansiosa acerca disso, porque as condições da viagem eram perigosas. Depois do Natal, regressei a Zimpeto, juntamente com a minha avó e a minha mãe. Algumas tias do dormitório explicaram à minha mãe a importância de eu poder ir para a Beira. Ela aceitou e, com tristeza, acabou por me deixar ir.

Quando cheguei à Beira, na viagem mais longa que alguma vez fiz, fiquei na casa de uma missionária, que pouco tempo depois me inscreveu no Instituto para Deficientes Visuais. Comecei na classe preparatória a aprender a grafia Braille, um sistema que as pessoas cegas usam para ler e escrever, utilizando o tato e alguns equipamentos tecnológicos.

Aqui enfrentei um dos desafios mais difíceis, porque, quando deixei Maputo, imaginei que iria viver na casa da missionária que nos acolheu, mas isso não aconteceu. Fui admitido no lar estudantil que a escola oferece a alunos vindos de lugares distantes da cidade da Beira. Lá juntei-me a outras pessoas com deficiências visuais, o que foi uma experiência muito boa, pois havia pessoas de quase todas as idades. Muitos dos alunos com deficiência visual conseguiam andar por toda a cidade sem precisar de um guia com visão e realizavam as suas atividades de forma independente. No entanto, enfrentávamos muitos desafios: havia problemas com a comida e a segurança não era boa. Os rapazes mais velhos batiam e roubavam os mais novos e, por causa da maneira como os edifícios estavam posicionados, éramos obrigados a atravessar estradas. Direi mais sobre isso a seguir.

Nós queixámo-nos à missionária e, no ano seguinte, ficámos durante algum tempo com ela, mas, devido ao aumento das necessidades de combustível (a casa dela ficava a cerca de 30 km da escola), ela convenceu-nos a voltar a viver na escola. Felizmente, tornei-me astuto e sabia como me defender, e o meu desejo de estudar fazia-me esquecer a má nutrição e todas as outras dificuldades que existiam, concentrando-me apenas nos meus objetivos. Infelizmente, o meu colega não aguentou e optou por voltar para casa, o que eu não entendi bem na altura.

No ano seguinte, a escola passou a ser o novo IDV (Instituto da Beira para Deficiências Visuais). A gestão era agora feita por padres, sob a tutela e assistência portuguesas, e tudo melhorou — desde a comida, as condições dos dormitórios e a segurança, entre outros aspetos que o antigo lar não oferecia.

O antigo lar tinha sido dividido em três edifícios. O primeiro era a escola, onde se encontravam o bloco administrativo, juntamente com as salas de aula, cozinha, refeitório, um pátio e um campo onde jogávamos desporto. Do outro lado da estrada estava o lar das raparigas, onde elas dormiam, assim como alguns rapazes mais novos para que pudessem ter a assistência dos seguranças. O terceiro edifício ficava a cerca de 100 metros do lar dos rapazes.

As novas instalações estavam todas num único edifício. Havia um bloco administrativo com salas de aula, tudo ligado por um corredor. No meio, havia um pátio e um jardim que separavam os quartos, o refeitório e outros departamentos, tornando o edifício acessível e prático. As crianças já não precisavam de atravessar estradas o tempo todo (exceto os alunos do ensino secundário, uma vez que a escola ensinava apenas até à sétima classe).

Ao longo do tempo, fui ganhando uma boa reputação, porque, apesar das minhas limitações, conseguia circular pela cidade. Participámos num programa infantil na Rádio Moçambique, jogávamos futebol para cegos e praticávamos atletismo. Fomos à Casa da Cultura, onde aprendi a tocar piano, e gostávamos de ir à praia, que ficava a menos de dois quilómetros do IDV. No lar, fazia parte de grupos culturais, participando em teatro, coro e grupos de dança. Estas atividades contribuíram muito para o meu desenvolvimento pessoal, pois aprendi a ser interativo, competitivo e a socializar.

Devo notar que o IDV é uma escola primária especial completa, concebida para ensinar alunos com deficiências visuais, e após o ensino primário, os alunos são integrados em escolas normais para continuarem os seus estudos. Assim, em 2010 terminei a sétima classe e matriculei-me no ensino secundário, onde enfrentei outros desafios. Eu estava habituado a estar numa sala de aula com colegas que tinham a mesma condição que eu, todos utilizadores de Braille. Estava habituado a ter professores treinados para lidar com alunos com necessidades especiais, que davam aulas adaptadas focadas na deficiência visual. Agora, estudava numa turma onde eu era o único aluno com deficiência visual. Muitas vezes, encontrava professores que não sabiam como lidar com a minha situação, e isso manteve-se até ao ensino superior. Mas, através das minhas experiências no ensino primário, aprendendo com outros alunos que já tinham passado por essa experiência, e com a ajuda de colegas que não eram cegos, consegui enfrentar esse desafio.

Os meus colegas liam o que estava no quadro e ditavam-me as notas, bem como as perguntas nos dias de teste. Havia também professores simpáticos que vinham falar comigo, e juntos encontrávamos soluções para que eu pudesse sentir-me incluído na sala de aula, como não escreverem apenas as notas no quadro, mas também ditá-las, ditar o que eu escrevia, antecipar as perguntas das avaliações para que eu pudesse transcrevê-las em Braille, ou pedir ao IDV para imprimir em Braille, ou traduzir o teste escrito em Braille para caligrafia normal para que o professor pudesse corrigir. Tudo isso me forçou a trabalhar mais para conseguir superar essas dificuldades e para ajudar as pessoas a perceberem que a deficiência não impede ninguém de estudar.

Em 2012, surgiu um projeto dentro do IDV que nos deu a oportunidade de aprender a usar smartphones (telemóveis inteligentes) de forma acessível, utilizando leitores de ecrã, tanto para o sistema iOS como para Windows. Explorámos o NVDA (Non Visual Desktop Access), um leitor de ecrã que permitiu uma maior autonomia na forma como lidávamos com a tecnologia. Como alguns colegas podiam comprar smartphones, eram capazes de usá-los sem depender de terceiros para ler mensagens ou realizar operações. Continuei a progredir até conseguir usar o sistema Windows (através do NVDA), dominando o Word e navegando na internet, o que facilitou muito a minha preparação e participação nas atividades escolares. A instituição tinha alguns computadores disponíveis que podíamos usar. Uns anos depois, o diretor do Iris Zimpeto ofereceu-me o meu primeiro computador, com o qual pude fazer o meu trabalho escolar de forma independente.

Em 2014, com o apoio do Iris Zimpeto, frequentei o Instituto de Línguas e tive a oportunidade de participar numa viagem ao Zimbabué para aprender inglês intensivamente. Esta foi uma experiência extraordinária, pois pude demonstrar que é possível aprender mesmo sendo a única pessoa num grupo específico com uma deficiência.

Em 2015, terminei o ensino geral e tive de voltar para a minha família, o que não foi fácil. Não sabia com quem iria viver, pois a minha avó, que sempre me acolheu, já tinha falecido há oito anos. Havia apenas um tio que podia receber-me, mas a casa dele não tinha espaço suficiente. Foi então que o centro de Zimpeto se ofereceu para construir um quarto na casa desse meu tio, e ele aceitou acolher-me, o que foi uma bênção para mim e para a família em geral.

Depois de terminar o ensino geral, houve alguma confusão sobre onde iria continuar os meus estudos. O meu sonho era estudar fora do país e fazer algo relacionado com Tecnologia ou Relações Internacionais. A minha situação era nova para todos: o IDV tinha organizado a transição do ensino primário para o secundário, o Iris Zimpeto tinha-me ajudado com os uniformes escolares e o transporte de ida e volta para Maputo no final do período. No entanto, não havia um plano claro para o próximo passo da minha educação.

O centro em Zimpeto concordou em apoiar-me com os custos do Ensino Superior, e matriculei-me na Universidade Eduardo Mondlane, em Maputo, para estudar Organização e Gestão da Educação. Continuei a viver com o meu tio durante a universidade, mas havia tensões. O meu tio pensava que a minha estadia seria apenas temporária e a atmosfera com os meus primos não era boa. Falei sobre isso com os líderes do centro em Zimpeto, e eles construíram uma casa para mim no terreno da minha avó. Para mim, foi mais uma grande conquista, porque, sem o apoio da base em Zimpeto, não sei como teria sido a minha vida. Na minha família, há muito poucos jovens com ensino superior e com habitação própria.

Em 2023, graduei-me com grande entusiasmo, e a cerimónia foi celebrada por amigos e familiares, bem como pelos diretores de Zimpeto.

A Minha Conversão

Nasci numa família religiosa. Os meus avós eram líderes na igreja Mazione — uma seita religiosa que é uma ramificação do cristianismo, mas que envolve muitos rituais. O meu tio ainda é o líder de uma igreja que ele próprio fundou.

Quando comecei a viver no centro em Zimpeto, continuei a ir à igreja, porque o centro tinha uma congregação e o nosso modo de vida era guiado pela Bíblia. Da mesma forma, quando cheguei à Beira, vivi com uma missionária na casa dela e frequentava a igreja, mas nunca tinha tido uma experiência pessoal com Cristo.

Quando vivi no IDV, havia pessoas de todo o país, com culturas, religiões e crenças diferentes, o que me fez questionar no que realmente acreditava. Experimentei diferentes igrejas e acabei por me identificar muito com uma chamada "Centro de Peniel Adoração". No final de 2010, um casal de um ministério chamado "Young Life" veio ao IDV, conversou connosco e partilhou versículos da Bíblia. No ano seguinte, decidi participar num programa de vigília que eles lideravam para rapazes na casa dum amigo. Foi uma experiência muito divertida: tinham uma maneira descontraída de pregar o evangelho, com muitos jogos, música e boas conversas.

Depois disso, comecei a participar nos estudos bíblicos que eles promoviam, onde o meu conhecimento sobre Jesus foi fortalecido. Pouco tempo depois, a Young Life organizou um acampamento muito dinâmico numa das áreas turísticas da Beira. O tema do acampamento era "Conhecereis a verdade, e a verdade vos libertará" (João 8:32). Foi ali que tive a oportunidade de ter um encontro verdadeiro com Cristo. Também tive a oportunidade de perdoar a minha mãe. No ano anterior, ela tinha-me explicado por que me abandonou, mas eu continuava magoado. Após decidir perdoá-la, senti-me livre e comecei a ser uma pessoa muito mais feliz.

Atualmente, sinto-me abençoado por poder ajudar pessoas que, por algum motivo, pensam em desistir da vida ou em tomar caminhos errados. Apresento Cristo como a solução para essas pessoas, numa atividade que faço em colaboração com a Young Life. Esta missão deu-me a oportunidade de fazer amigos e influenciar vidas.

Também defendo os direitos das pessoas com deficiência, especialmente dos jovens, de forma voluntária, junto com a

FAMOD (Fórum das Organizações Moçambicanas para Pessoas com Deficiência).

Neste momento, aqui estou eu, a escrever a minha história para o mundo, para mostrar que a deficiência não é o fim, mas o começo de algo a ser descoberto. A deficiência não nos impede de sonhar. O que devemos fazer é superar a preguiça mental, ter fé em Deus e buscar soluções para vencer as barreiras que enfrentamos.

Armando quando era um rapaz jovem

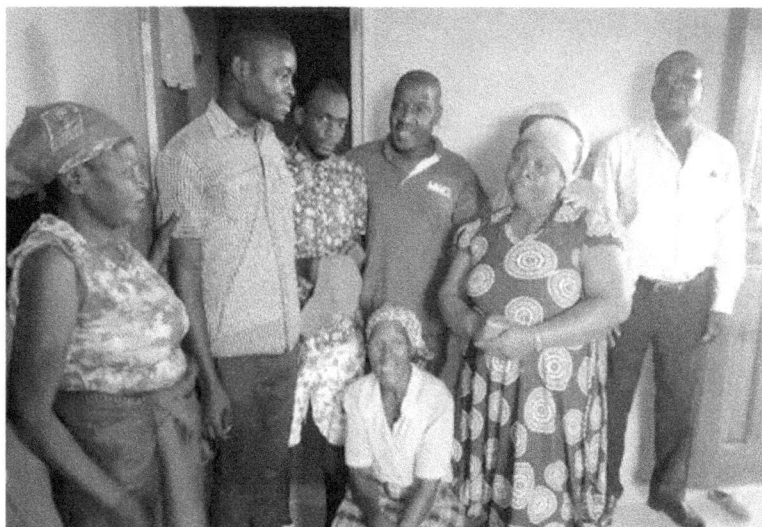

Armando com a sua família

Graduação da Universidade

CAPÍTULO 6

A história de Araújo Mapanzene

O **MEU NOME** é Araújo Mapanzene. Tenho 35 anos e nasci em Maputo, Moçambique. Cresci numa família muito pobre.

O meu irmão e eu íamos à escola, e a minha mãe sempre nos dizia para estudarmos muito, pois isso poderia garantir um bom futuro para nós.

Em março de 2003, fui visitar o meu tio durante as férias escolares. Numa manhã, enquanto estava com o meu primo, o meu pai chegou e disse-nos: "A mãe morreu." Pensámos que a pessoa que tinha morrido era a mãe dele, por isso, ao princípio, não ficámos muito preocupados. Depois, quando perguntei novamente de quem era a mãe que tinha morrido, ele respondeu: "A tua mãe." Fiquei muito triste naquele dia.

Após a morte da minha mãe, ficámos a viver com o nosso pai, que costumava viajar por causa do trabalho. Um dia, o meu pai foi-se embora e não regressou mais. Éramos três crianças sem qualquer conhecimento da vida. Estávamos sozinhos e sem nada para comer. Parámos de ir à escola e vivíamos da generosidade dos outros.

A nossa tia (irmã da minha mãe) levou-nos para a casa dela para viver conosco. Começámos a ir à escola novamente, mas a vida não era fácil porque ela não tinha o suficiente para sustentar-nos a nós e ao seu próprio filho. Mais uma vez, parámos de frequentar a escola. As nossas vidas estavam arruinadas e parecia não haver futuro para nós.

Não sei como a minha tia soube do Ministério Iris, mas ela começou a tratar da documentação para nos matricular lá. Não foi fácil conseguir a matrícula, mas depois de muito esforço, ela conseguiu e fomos aceites para viver em Zimpeto.

Os primeiros dias não foram fáceis para nós, pois encontramos muitas pessoas diferentes, com comportamentos novos e diferentes. Confesso que foi uma fase difícil e, por vezes, pensei em fugir, mas percebi que não havia outro lugar para onde ir. Comecei a ir à igreja e a aprender mais sobre Deus.

Comecei a frequentar a escola e gostei. Percebi os benefícios de estar na base: receber educação, cuidados, comida e segurança.

Na altura, não havia ensino secundário no Ministério Iris, por isso fui para uma escola católica fora da base. Foi bom para mim, pois conheci muitos amigos. Estava no quadro de honra da escola como o melhor aluno. Adorava conversar com outros alunos sobre interesses comuns em Matemática e Ciências.

Entretanto, conheci o Arthur Connor — um visitante da Austrália — em Zimpeto, que ensinava Matemática a alunos que precisavam de ajuda extra. Isso foi muito bom, porque aprendi imenso com ele. Ele ensinou-me alguns métodos para resolver problemas de Matemática que não usamos aqui em Moçambique.

Depois disso, consegui entrar no Instituto Industrial e, mais tarde, na prestigiada Universidade Eduardo Mondlane para estudar Química.

Um dia, uma antiga professora chamou-me e perguntou: "Estás a trabalhar?" Respondi: "Não, estou a continuar os meus estudos na universidade." Então, ela disse-me que uma empresa estava a recrutar estudantes de engenharia interessados em mineração e que podíamos inscrever-nos num estágio. Decidi inscrever-me.

A empresa, Schlumberger, convocou-nos para dois testes de aptidão. Passei e fui para a fase seguinte, que incluía uma entrevista. Apenas duas pessoas que estudavam Química foram chamadas para essa entrevista. Ela ocorreu no melhor hotel de Maputo, e foi a primeira vez que estive dentro de um hotel. Tivemos dois dias inteiros de entrevistas, seguidos de mais um dia para fazer testes de Química.

Pouco tempo depois, enquanto estava na sala de informática do Ministério Iris a verificar os meus e-mails, recebi uma mensagem a dizer que tinha sido bem-sucedido na entrevista e que deveria preparar o passaporte e outros documentos para viajar para a África do Sul para fazer aulas de inglês.

Imprimi a carta de oferta e mostrei-a ao Papa Steve. Fiquei muito feliz, e o salário que a empresa oferecia era excelente para mim. Seria a primeira vez que receberia um salário.

Pedi a Papa Steve dinheiro para o passaporte e outros documentos. Depois de obter o passaporte, enviei uma cópia para a empresa. A Schlumberger enviou-me os bilhetes de avião. Eu estava a pensar que iria de autocarro para a África do Sul, então este foi o meu primeiro voo e a minha primeira viagem para fora de Maputo em toda a vida.

Viajei para a África do Sul para a escola de inglês e para realizar um exame médico. Passei por muitos exames, mas correu tudo bem. Também passei na escola de inglês e no exame médico — estava preocupado porque não tinha a certeza se a minha saúde estava 100%.

Depois de cumprir todos os requisitos, chegou a hora de começar a trabalhar. Fui enviado para a Tanzânia, para o meu primeiro trabalho com a empresa, e depois disso tive muitas oportunidades de trabalhar por todo o mundo. Graças a Deus por tudo o que Ele tem feito na minha vida.

Tenho realizado muitas coisas boas. Tenho uma família linda — apesar de ter perdido o meu filho no ano passado num terrível acidente. O meu estado de espírito e a minha força ficaram abalados após essa perda, mas estou a ver um psicólogo muito bom.

Nenhum pai merece ver o seu filho morrer. Oramos sempre para vermos os nossos filhos crescerem com saúde, e acho que isso é a maior motivação para trabalharmos arduamente.

Deus está a dar-me coisas boas, e eu consigo ajudar pessoas que não têm muitas oportunidades.

Uma vez li o seguinte: "Faz sempre o bem a todos e nunca faças mal a ninguém".

O meu sonho é abrir um centro para ajudar pessoas e dar-lhes oportunidades. Apesar do nosso passado, o futuro é brilhante e há oportunidades (com ajuda) para termos sucesso na vida.

Comprei um terreno para o meu futuro projeto e sei que Deus é fiel.

Papa Steve e Araújo

Araújo no trabalho

Araújo e a sua esposa Mercia

A história de Beatriz Timane

O MEU NOME é Beatriz José Timane e nasci a 29 de Novembro de 1985.

Na minha infância, vivi com o meu pai e a minha mãe, mas as nossas condições de vida eram extremamente precárias. Passávamos muitas dificuldades com comida, vestuário e escolaridade.

A nossa casa era feita de caniço, e todos vivíamos numa só divisão. Às vezes, cobras entravam, e tínhamos de dormir naquele quarto, mesmo com esses perigos.

O meu pai e a minha mãe não tinham emprego fixo. Às vezes, o meu pai fazia trabalhos ocasionais, mas a minha mãe era muda e não conseguia trabalhar. Ela costumava levar-me a um bairro chamado Gazene, no distrito de Marracuene. Foi aí que comecei a procurar oportunidades para me tornar auto-suficiente.

Quando a minha mãe faleceu, tive graves problemas de saúde. Tinha marcas e feridas em quase toda a cabeça e rosto. Os meus joelhos estavam vermelhos, inflamados e inchados, quase a rebentar. Sentia como se estivesse perto da morte. Graças a Deus, um casal chamado Heidi e Rolland Baker veio a Moçambique e salvou a minha vida. Levaram-me urgentemente para a casa que alugavam na cidade de Maputo. Quando cheguei lá, a Mamã Heidi nem conseguiu dar-me banho, porque a minha condição era crítica. Ela levou-me ao Hospital Central de Maputo, onde fui internada e recebi assistência médica.

Todos os dias, a Mamã Heidi e as pessoas que a acompanhavam oravam por mim. Eu estava coberta de ligaduras da cabeça aos pés e tive de fazer cirurgia plástica. Quando tive alta, fui viver na base em Chihango. A minha chegada foi vista como um milagre, porque ninguém esperava ver-me novamente.

Enquanto estive lá, a Mamã Heidi verificava constantemente o meu estado de saúde. Mais tarde, Heidi e Rolland mudaram-nos para o centro Boa Nova, em Machava. Tínhamos muito poucas panelas e pouca comida para cozinhar. Lembro-me que sobrevivemos só de leite fresco e pipocas durante uma semana.

Nos meus momentos livres, gostava de brincar com as outras crianças, estudar na Escola Bíblica, ir à escola (ensino básico) e aprender de forma geral. Também gostava de ensinar histórias da Bíblia a outras crianças. Havia um grupo de dança na igreja, e eu estava muito envolvida em teatro e drama.

Depois do Centro Boa Nova, mudámo-nos para a nova base do Iris em Machava. Começámos por dormir em tendas, depois numa casa de caniço, e aos poucos fomos construindo uma casa de tijolos de cimento. Havia uma grande falta de água; era comum dar banho a dez crianças numa banheira de apenas 20 litros!

Houve uma grande tragédia de inundações no ano 2000, quando todas as casas em Machava foram invadidas pelas águas, e perdemos muitas coisas. Ficámos inundados quase até ao pescoço. Foi necessário começar tudo de novo num novo terreno em Zimpeto. Graças a Deus, conseguimos ir para lá. Foi nesse local que recebemos os primeiros socorros e cuidados de saúde durante as inundações. Quando a base do Iris em Zimpeto foi estabelecida, inicialmente ficámos em tendas e cabanas feitas de caniço e só mais tarde nos mudámos para dormitórios construidos com tijolos de cimento. Orávamos e jejuávamos constantemente para que tudo corresse bem no centro. Tive uma visão de Deus que me guiou a começar a estudar com o apoio do Iris Global. Enfrentei muitas dificuldades com os estudos. Aos nove anos, ainda não sabia ler nem escrever, mas não desisti. Quase desanimei, mas com a ajuda de Deus e de pessoas que me encorajaram, continuei a minha caminhada escolar.

Durante os meus primeiros anos em Zimpeto, tive uma educadora chamada Delfina e uma professora chamada Sandra. Elas tinham o papel de ensinar, educar e cuidar da minha saúde física e do meu bem-estar espiritual. Foram muito pacientes comigo e com as outras crianças. A minha professora Sandra realmente me amava e preocupava-se comigo. Mais tarde, quando terminei a licenciatura em Recursos Humanos, convidei a Sandra para ser a minha madrinha de graduação.

Com o passar do tempo, continuei os estudos, mas sentia um choro no meu coração. As dificuldades eram muitas, e tinha problemas em compreender grande parte das matérias. Era difícil para os meus amigos ajudarem-me com os trabalhos escolares. Muitas vezes fazia as tarefas apenas com base nos exemplos que o professor escrevia no quadro. Mesmo assim, com força e determinação, estudei até terminar o 12.º ano.

Deixei a base do Iris quando tinha 18 anos. A minha vida voltou a ser difícil, pois fui morar com a minha família. Quase ninguém da família frequentava a igreja, e viviam uma vida sem entendimento e sem amor entre eles.

Casei-me, mas sofri muito por causa da minha sogra. Ela falava-me sempre sem respeito e, por vezes, queria que eu saísse de casa. A família não se preocupava comigo. Insisti em ficar, pois as pessoas me aconselharam a manter o casamento. Comprámos uma casa com o apoio do Iris Global. Porém, o meu marido começou a maltratar-me psicologicamente, fisicamente e às vezes até me batia. Deixou de prestar atenção a mim e aos nossos filhos, Augusto e Christalina, e frequentemente bebia álcool. Cada vez que me rejeitava, eu ia ao Iris Global pedir ajuda para a saúde, alimentação e despesas escolares. Entrei na universidade, mas as dificuldades persistiram. Era uma situação crítica que ainda hoje me custa lembrar. Precisava de toda a minha coragem e força para sobreviver e não desistir. Usei a oração como fonte de força. Consegui terminar a licenciatura em Recursos Humanos.

Apesar das dificuldades contínuas com o meu marido, e mesmo tendo procurado ajuda na polícia, os maus-tratos persistiam. Houve um momento em que cheguei a dormir na rua, ao frio, com as minhas crianças. Mas eu orava sempre e repreendia toda a maldade à minha volta, e Deus não permitiu que eu continuasse a sofrer.

Comecei a pedir ajuda para sair daquela situação complicada. Era difícil conseguir apoio urgente e rápido, mas, mais uma vez, o Iris Global estendeu a mão e ajudou-me a deixar aquele ambiente de confusão com o meu marido. Encontraram um lugar seguro para mim e para os meus filhos, garantindo-nos paz e proteção.

O Papa Steve e a Mana Ros receberam-me com carinho e continuaram a apoiar-me, especialmente cuidando da situação de saúde do meu filho. Aprendi a trabalhar como auxiliar de crianças (educadora) em Zimpeto e sou muito grata pela atenção dedicada pelos educadores ao meu filho, que tem necessidades especiais.

Apesar de tudo o que passei, agradeço a Deus por me ter sustentado para concluir um curso universitário no meio de tanta "guerra" pessoal. Não foi fácil chegar até aqui, e sou profundamente grata a todos os líderes do Iris Global pelo apoio constante.

Quero continuar os meus estudos e, mais tarde, encontrar um bom emprego para poder cuidar da minha família com dignidade e amor.

Obrigada!

Beatriz José Timane

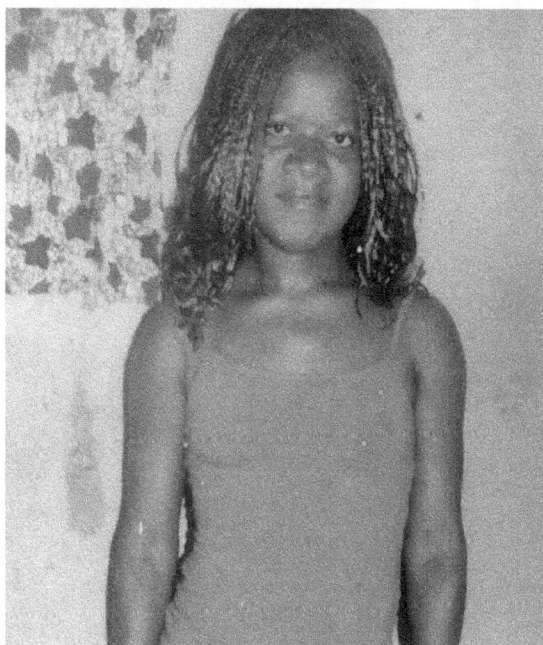

Bestriz quando era uma rapariga jovem

Beatriz com a sua Mãe

Graduação da Universidade com Francisco e Rosa

Beatriz com os seus filhos

CAPÍTULO 8

A história de César Senda

O MEU NOME é César Augusto Senda. Nasci a 20 de Junho de 1972. Cresci no Jardim de Infância Primeiro de Maio, um orfanato do governo em Maputo. Não sei como cheguei a este orfanato, pois quando cheguei lá ainda era bebé. Nunca conheci o meu pai nem a minha mãe, e não sei se ainda estão vivos ou se já faleceram. Passei os primeiros anos da minha infância neste orfanato.

Quando tinha nove anos, fui transferido para o Centro Educacional de Chihango, outro orfanato do governo, onde estudei do primeiro ao quinto ano. A vida ali era muito difícil. Havia pessoas mais velhas que nos maltratavam e batiam, e ninguém fazia nada para impedir. Em dias de muito frio, tiravam-nos as mantas, deixando-nos à mercê do frio intenso. Eles até nos incentivavam a lutar entre nós. Os diretores do orfanato estavam quase sempre ausentes. Era uma vida dura, sem mãe, sem pai, sem carinho e sem Deus.

Naquela altura, eu não conhecia Jesus nem O tinha recebido como Senhor e Salvador da minha vida. Sentia-me muito vulnerável.

Em 1986, fui transferido para o Centro de Salamanga, no distrito de Matutuine, para continuar os meus estudos. No entanto, não consegui terminar o ano e voltei para o centro de Chihango. Fugi de Salamanga devido à guerra civil que já durava 16 anos e estava muito intensa naquela zona.

Logo após o meu regresso a Chihango, o governo de Moçambique enviou militares para recrutarem os jovens que maltratavam e abusavam das crianças no orfanato. Esses jovens foram levados para os quartéis para se tornarem soldados. Eu fiquei no centro para continuar os meus estudos. Mais tarde, fui transferido para um orfanato em Namaacha, onde fiz o 7º e o 8º anos. Voltei a Chihango novamente em 1994.

Nesse período, comecei a sofrer de problemas de gastrite, que pioraram e me levaram a ser internado no Hospital Central durante seis meses. Fiz uma operação devido a uma úlcera no estômago, e depois de me recuperar, melhorei bastante.

Um ano depois, uma mulher incrível entrou na minha vida: Heidi Baker, uma pessoa cheia de amor e carinho pelos outros. Foi uma verdadeira bênção conhecê-la. No dia em que a conheci, a minha vida mudou completamente. Ela apresentou-me ao maior tesouro e presente da minha vida: o Senhor Jesus Cristo, o Todo-Poderoso.

Recebi Jesus Cristo como Senhor e Salvador da minha vida e percebi que já não era um jovem desamparado, sem pais, irmãos ou família. Foi maravilhoso para mim conhecer a Heidi e ela apresentar-me Jesus.

Nesse mesmo ano, conheci a minha esposa, Rabia. No início, fiz com que ela sofresse muito, porque eu ainda não estava firme em Jesus. Eu bebia, fumava cigarros e usava drogas, e isso afetava a minha consciência, resultando em maus-tratos para com a minha esposa.

Contudo, fortaleci-me em Jesus e hoje somos um casal forte, servindo ao Senhor e à nossa família juntos. Estou casado, sou pai de seis filhos e também cuidamos doutras crianças que o Senhor nos confiou.

A minha esposa está envolvida num projeto chamado Fundação Iris Agape (Amor). Trabalhamos com crianças da rua e crianças sem abrigo, com o objetivo de reintegrar estas crianças nas suas famílias. Enfrentamos grandes dificuldades, pois muitas dessas crianças nasceram e cresceram nas ruas, uma vez que os seus pais também viviam nas ruas. Estamos a trabalhar para retribuir o bem que alguém fez por nós. Amamos este trabalho.

Quero agradecer, acima de tudo, a Deus, o Todo-Poderoso, por tudo o que Ele tem feito na minha vida. Também agradeço ao Papa Rolland e à Mamã Heidi, ao Papa Steve e à Mana Ros e a todos os que têm feito parte do meu crescimento como pessoa, até agora.

Que o nosso Senhor Jesus Cristo, o Todo-Poderoso, vos abençôe a todos.

Obrigado por tudo.

César e Rabia

César e Rabia com a sua família e Mamã Aida

César, Rabia e Papa Rolland

CAPÍTULO 9

A história de Alberto Nuvunga

O MEU NOME é Alberto Samuel Mavunga, mais conheci-do como Dalberto. Nasci a 26 de Maio de 1982. Sou o fi-lho mais velho de Samuel Alberto Nuvunga e Primina João Mbilane. Tenho 6 irmãos, duas raparigas e quatro rapazes.

Venho de uma família grande e pobre que dependia da agricultura de subsistência. Não era fácil, pois ninguém na mi-nha família trabalhava. Vivíamos na casa dos meus avós, com as minhas tias e tios, no bairro de Chihango, na província e cidade de Maputo. A vida era muito difícil para nós.

Ir para a escola era um grande desafio, pois Moçambique esteve em guerra civil entre 1976 e 1992. Infelizmente, os anos de guerra foram acompanhados por calamidades naturais, como secas e cheias, e muitos moçambicanos, como a minha família e eu, passámos por momentos muito difíceis. Esta guerra trou-xe grande tristeza à minha família, pois muitos deles morreram, incluindo tios e tias. Como família, tivemos de fugir dum lado da cidade para o outro, vivemos como nómadas durante muitos anos. Mas Deus sempre foi Deus e, segundo os Seus planos, Ele me protegeu até hoje, porque a Sua graça é suficiente para mim. Quando eu tinha oito anos, o meu pai abandonou-me a mim e aos meus irmãos. Ele foi para a África do Sul e deixou--nos sem casa. A nossa casa, na altura, era muito pequena e era lá que todos dormíamos. Era feita de caniço local e estava a desabar, pois era muito fraca. Como o meu pai estava na África do Sul, não tínhamos qualquer tipo de ajuda. Tínhamos muitas necessidades, incluindo educação escolar. Tínhamos muita fome e normalmente só tínhamos uma refeição por dia. Foram anos de seca, e a nossa pequena fazenda não produzia alimentos suficientes.

Em 1991, alguns homens do partido político inimigo (Renamo) mudaram-se para um bairro próximo. A minha família e eu fomos atacados e quase que fomos capturados por eles. Mas Deus protegeu-nos e fomos salvos. Na manhã seguinte, mudámo-nos novamente para a cidade, onde as pessoas duma igreja que se reunia em casas tiveram misericórdia de nós e acolheram-nos. Mas as coisas ainda eram mais difíceis lá, pois doze pessoas estavam a dormir numa casa que só tinha um quarto. O importante é que nunca deixámos de seguir a Deus. Estivemos sempre na igreja a clamar pelo Seu amor, que nunca acaba.

Deus nunca desistiu da nossa instrução e educação escolar. O inimigo atacava apenas à noite, por isso continuámos a ir à escola durante o dia. Todos estudávamos muito longe do sítio onde vivíamos. Tínhamos de sair da cidade às 3 da manhã para chegarmos à escola às 7h30. Depois de sair do autocarro, tínhamos de andar 8 km até à escola. Era uma jornada muito difícil dia após dia.

Em Outubro de 1992, as armas fizeram silêncio em todo o Moçambique e houve paz para todos os moçambicanos. Voltámos para a nossa casa original no bairro de Chihango, mas encontrámos tudo destruído. Tivemos de começar tudo de novo, e o meu pai estava longe de nós. Imagine como é difícil viver longe do seu pai, sabendo que parte da sua educação depende dele. Foi um grande desafio viver num país pós-guerra; foi muito difícil.

Começámos a reconstruir a nossa pequena fazenda de família como a base da nossa sobrevivência. Havia alguns agricultores que ainda tinham gado. Eu tinha de pastorear o gado para apoiar a família enquanto também frequentava o quarto ano na escola em Chihango. De manhã, levava o gado do curral e depois ia trabalhar no nosso terreno com a família. À tarde, ia para a escola. Quando voltava da escola, tinha de recolher o gado. Fiz isso durante 2 anos e o meu salário era de 100 meticais por mês (cerca de 2 dólares). Tinha de usar esse dinheiro para ajudar em casa e para comprar sapatos para a escola e, às vezes, livros, porque os meus avós nem sempre tinham os meios para me sustentar.

Em 1994, frequentei o quinto ano, que era o último nível de escolaridade naquela escola. Comecei a pensar: "Este é o meu último ano nesta escola, onde é que vou poder fazer a escola secundária?" Muitas perguntas começaram a surgir dentro de mim, porque os meus amigos e vizinhos tornaram-se agricultores depois de terminar o quinto ano, pois não havia opções para o ensino secundário.

Acreditei que Deus iria fazer algo por mim para que eu pudesse continuar a estudar. Sempre acreditei e confiei. A Bíblia diz que Deus nunca nos abandona e nunca falha.

Completei o quinto ano com sucesso e foi nesse ano que a Heidi e o Rolland Baker, obedecendo à voz de Deus, chegaram a Moçambique e começaram a fazer o seu trabalho missionário, com sede em Chihango.

Em Janeiro de 1995, as matrículas para a escola abriram. Eu queria ir, mas os meus avós diziam sempre: "A única coisa que vais fazer aqui é pastorear gado." Chorei muito, mas depois fui falar com a minha avó para ir falar com os Baker. Talvez eles me ajudassem a viver no centro deles em Chihango e eu pudesse estudar. Não havia sexto ano na escola, mas eu disse que pelo menos queria viver no centro Iris. Finalmente, os meus avós compreenderam e falaram com a família Baker quatro vezes. Eles disseram sempre para esperarmos, mas, por fim, aceitaram-me e fui para o centro Iris. Tinha treze anos. Este foi o ano do primeiro milagre na minha vida, porque recebi Jesus Cristo como meu Senhor e Salvador e, pela Sua graça, fui batizado em nome do Pai, do Filho e do Espírito Santo. Mesmo assim, a vida continuava a ser um desafio. Em Fevereiro, no início do ano escolar, fiz todas as atividades de manhã, mas não pude ir à escola porque a escola não tinha sexto ano. Quando as outras crianças iam para a escola, eu tinha de ficar na comunidade. Isto durou três meses. Em Maio de 1996, o Ministério Iris e o Governo de Moçambique fizeram um acordo e determinaram que o Rolland, a Heidi e todas as crianças tinham de deixar o seu centro em Chihango porque o edifício pertencia ao Governo Moçambicano. Fomos avisados de que tínhamos apenas 72 horas para sair. Os Baker tentaram explicar aos líderes do Governo que eles estavam apenas ali para ajudar os órfãos e ensinar os princípios de Deus, mas mesmo assim tivemos de sair. Este foi um tempo de muita oração, porque não sabíamos para onde ir com as crianças e o que fazer com elas.

Na base, tínhamos cultos semanais, e as maravilhas de Deus aconteciam naquele lugar. Fomos ensinados a buscar a Deus, mesmo quando enfrentávamos turbulências. Foi um desafio muito grande, mas Deus continuou a guiar-nos, tal como fez quando conduziu os israelitas pelo deserto.

Em Maio de 1996, a Mamã Heidi e o Papa Rolland levaram consigo quinze crianças e deixaram o centro de Chihango para viverem numa casa na cidade. Eu não fui escolhido para ir com eles, mas comecei a orar e a clamar a Deus para que o próximo grupo escolhido me incluísse. Assim, uma semana depois, num domingo, quando estávamos a adorar no terreno que nos tinham emprestado, fizeram mais uma seleção. Fui escolhido para fazer parte do grupo que foi viver com a Mamã Heidi e o Papa Rolland. Juntámo-nos ao primeiro grupo e, no total, éramos 24 jovens. Orávamos todos os dias para que Deus operasse os Seus milagres e nos ajudasse.

Dois dias depois, alguns amigos missionários dos Baker disponibilizaram um centro infantil chamado "Boa Nova", num bairro chamado Machava. Este lugar tinha uma escola e uma igreja, e fomos convidados a participar em todas as suas atividades. Sentimo-nos parte daquela família. Havia cerca de cinquenta rapazes e trinta raparigas, com idades entre os quatro e os quatorze anos. Estudávamos e adorávamos, e a presença de Deus movia-se e manifestava-se. Vivemos naquele lugar durante cerca de um ano.

As crianças do Boa Nova foram ensinadas a orar. Elas sabiam que todas as coisas eram providenciadas por Deus e que a oração era o nosso alimento diário. De facto, Deus sempre respondia às nossas orações e providenciava tudo para nós. Lembro-me que, nalguns dias, só tínhamos uma refeição, mas a Heidi e o Rolland encorajavam-nos a falar com Deus e a pedir-Lhe ajuda.

Orávamos e Ele providenciava finanças. Pouco tempo depois, o Ministério comprou um terreno muito grande no mesmo bairro do Boa Nova, para que pudesse ser construído um centro Iris Global em Machava. Isso foi um milagre para nós, e todos saltámos de alegria. Foi mais uma prova de que Deus é muito bom.

Em 1997, deixámos a casa emprestada do Boa Nova e fomos viver para o centro Iris em Machava. Não foi fácil, pois era um lugar lotado e com muitos problemas, mas Deus operou milagres quase todos os dias. Frequentei o sétimo ano na escola da base.

Em1999, deixei o centro de Machava para ir viver em Zimpeto. O centro em Zimpeto também tinha uma escola académica na base. Isto foi muito bom para mim, pois, nessa altura, eu estava a frequentar o oitavo ano, mas estava a chumbar porque a nossa escola em Machava não tinha professores qualificados nem salas de aula, e isso foi um grande retrocesso para mim.

No ano 2000, enfrentei muitos e grandes desafios, mas também experimentei grandes vitórias na minha vida. Comecei a sentir uma paixão pelo louvor e adoração. Orei muito sobre servir a Deus, e Ele respondeu-me. Comecei a fazer parte do grupo de louvor e adoração. Aprendi a tocar alguns instrumentos enquanto também frequentava a escola. Deus é bom e fiz progressos nessas duas áreas: estudo e adoração. Ainda hoje faço parte do grupo de louvor e adoração da igreja, na base do Ministério Iris em Zimpeto.

Em 2004, recebi notícias muito tristes sobre o meu pai, que vivia na África do Sul. Ele foi vítima dum tiroteio. Foi um pai que nos deixou tão jovens, e nunca tivemos notícias dele durante a vida dele. Perder a vida desta forma foi muito difícil de acreditar.

Nesse mesmo ano, conheci uma mulher muito bonita que Deus preparou para mim. Eu tinha estado a orar durante muito tempo. O nome dela é Ivania. Tudo se compôs, e em 2006 casámos. Fizemos uma cerimónia civil no Governo e uma na igreja. Temos a nossa própria casa, o que é uma grande bênção. A Ivania e eu somos abençoados, pois temos cinco filhos muito especiais. Eles conhecem Deus, seguem os Seus passos e O adoram em espírito e em verdade.

Em 2008, completei o décimo segundo ano e, no ano seguinte, comecei a tentar candidatar-me à universidade. Queria muito avançar nos meus estudos, o que não foi fácil. Moçambique tem poucas faculdades públicas e muitos candidatos. Pela graça do Senhor, quatro anos depois, Deus abriu as portas para mim com a ajuda financeira do Ministério Iris e o apoio do Papa Steve e da Mana Ros. Consegui pagar pela faculdade privada, uma das melhores universidades em Moçambique. Em 2012, formei-me em Administração Pública. Estudei durante quatro anos e Deus foi muito bom para mim durante esse tempo.

Logo a seguir, Deus abriu mais uma vez as portas para que eu pudesse continuar os meus estudos, e fiz um mestrado em Gestão de Recursos Humanos e Liderança. Este foi um grande desafio para mim, mas consegui completar o curso a tempo, e estou muito grato a Deus e ao Ministério Iris. Hoje tenho um mestrado em Gestão de Recursos Humanos.

Em 2016, Deus abençoou-me com um terreno, com a ajuda da minha família. A minha mulher e eu começámos um projeto para construir uma escola. Inicialmente, havia quatro salas e um bloco administrativo. Em 2020, a escola começou a funcionar. Em 2021, tínhamos 180 alunos e mais duas salas de aula. Em 2022, tínhamos 250 alunos e mais duas salas de aula e, em 2023, tínhamos 400 alunos e mais duas salas de aula. Temos agora dez salas de aula, com dezasseis professores e quatro trabalhadores seniores.

Isto é uma grande bênção para a minha família e para a comunidade moçambicana.

Hoje trabalho no centro Iris Global em Zimpeto como conselheiro do Administrador Nacional, Francisco Mandate. Também sou o responsável pelos nossos estudantes universitários, que são atualmente 35. Lidero as nossas equipas de louvor, que realizam mais de cinco cultos por semana.

Tudo isto tem sido uma grande oportunidade para o meu crescimento em Deus. Estou grato por tudo o que o Iris Global fez pela minha família. Tem sido uma grande experiência de aprendizagem para mim. Nesta jornada, sou uma pessoa que hoje pode testemunhar a grandeza de Deus, que Ele é sempre bom.

Agradeço por todo o ensino e apoio que me foram dados a mim e à minha família pela Heidi e pelo Rolland Baker, pela Mana Ros, pelo Papa Steve e por toda a comunidade do Iris Global.

Hoje sou um homem maduro e a minha vida é um testemunho da bondade de Deus. Quero ser um bom exemplo para todos os moçambicanos.

Deus abençoe.

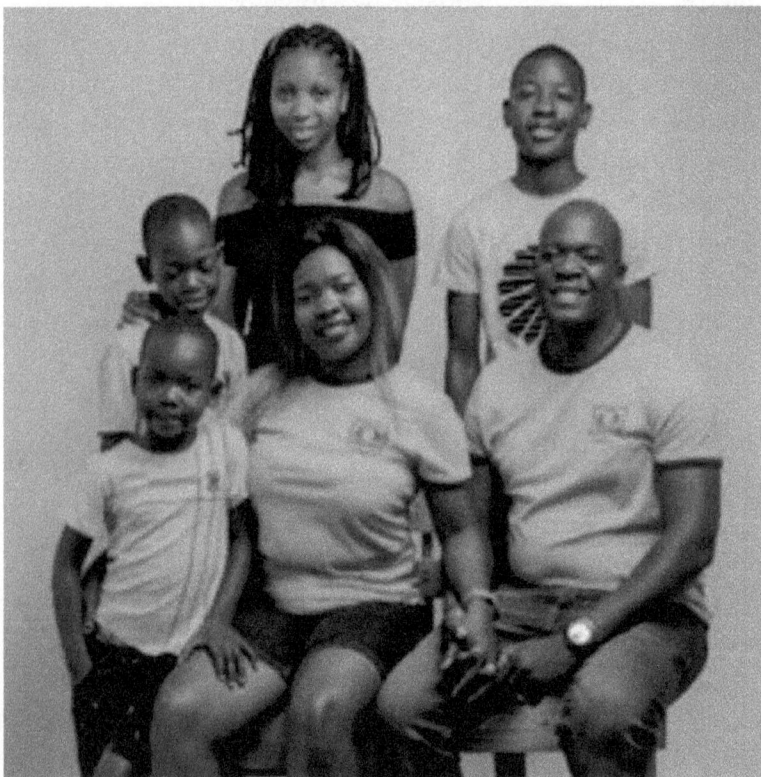

Dalberto com a sua esposa Vania e filhos

Graduação da Universidade

Dalberto a saborear um gelado

CAPÍTULO 10

A história de Francisco José Mandlate

O MEU NOME é Francisco José Mandlate e nasci a 3 de junho de 1976 em Manhiça, um distrito a sul de Moçambique, na província de Maputo. É um distrito principalmente agrícola.

A minha mãe é dona de casa e agricultora. O meu pai trabalhava para o Governo, no Ministério da Defesa. Ele já faleceu.

Comecei a escola em Manhiça quando tinha seis anos. A escola ficava a cerca de trinta minutos a pé de casa; era a escola mais próxima que havia. O meu pai trabalhava na cidade de Maputo e vinha a casa todas as sextas-feiras; ele saía logo na segunda-feira de manhã, por isso só o via ao fim de semana. Durante a semana, estava com a minha mãe, a minha irmã mais velha e outros familiares, primos e outros parentes, no total cerca de cinco pessoas.

Enquanto ainda estava no primeiro ano em Manhiça, a guerra civil começou. A guerra era entre o Governo e a Renamo (o partido político da oposição), e as coisas começaram a complicar-se para nós. Lembro-me de que, em duas ocasiões, os rebeldes da Renamo vieram à nossa casa em Manhiça à noite, exigindo que lhes déssemos comida. Lembro-me que não tínhamos comida para lhes dar. Felizmente, eram os primeiros dias da guerra, por isso ainda não se tinham tornado muito agressivos e não nos fizeram mal.

Na segunda vez que vieram à nossa casa, já era quase meia-noite e, desta vez, estavam um pouco mais agressivos. Embora não nos tenham feito mal, o comportamento não foi correto, e isso levou-nos a pensar duas vezes sobre permanecermos em Manhiça.

Todas as noites íamos dormir para o mato; tínhamos medo que eles viessem buscar coisas e comida, e se não lhes déssemos, havia sempre a possibilidade de nos fazerem mal. Começaram a raptar pessoas para se juntarem a eles e levavam rapazes jovens para serem soldados, por isso tivemos de deixar Manhiça e ir viver com o nosso pai em Maputo, na sua residência de trabalho.

Ficámos com ele até eu ter nove anos, altura em que o meu pai foi forçado a deixar Moçambique devido a conflitos que teve com o Governo da altura. Ele deixou-nos para trás, e ficámos na sua casa de trabalho até sermos expulsos, uma vez que o meu pai já não trabalhava para o Governo.

A vida complicou-se para nós, pois não tínhamos onde ficar, não tínhamos comida, e a minha mãe era analfabeta, por isso não podia trabalhar. Ela começou um pequeno negócio, mas não era suficiente para nos alimentar. Naquela altura, a guerra estava a piorar, e tudo era difícil para nós. A minha mãe teve de voltar a Manhiça para ficar com a minha tia, e eu tive de ficar em Maputo, sem ter onde ficar e sem comida. Fui levado para Eswatini (anteriormente conhecido como Suazilândia) para um campo de refugiados onde levavam as vítimas da guerra moçambicana, uma vez que não era seguro estar em Maputo, e voltar para Manhiça também não era uma boa opção para rapazes jovens naquela altura.

O campo de refugiados estava num distrito chamado Malindza. Comecei a escola novamente lá. Foi difícil para mim por causa da língua swati e do inglês. Não havia português, por isso tive de começar no primeiro ano, mas, após alguns meses, fui transferido para o terceiro ano porque aprendi inglês e swati em muito pouco tempo.

Foi lá que conheci Jesus, na escola em Eswatini. Um dos meus professores abordou-me e falou-me sobre Jesus. O meu pai e a minha mãe eram católicos, por isso costumava ir à igreja com eles, mas não conhecia Jesus como meu Salvador e Rei. Fui inscrito no grupo de teatro e dança da escola, e nesse grupo aprendi mais sobre Jesus, porque a maioria dos dramas e canções eram cristãs. Comecei a frequentar uma igreja baptista no campo de refugiados e tornei-me um membro ativo, sendo posteriormente baptizado.

Apesar de estar num campo de refugiados num país estrangeiro, senti paz quando recebi Jesus. Mas a minha vida não era fácil. Eu era um menino muito jovem, num país estrangeiro e sem ninguém que cuidasse de mim. Dependia da ajuda dos membros da igreja e mudei-me para a casa pastoral, onde cuidava da igreja: limpava, preparava o espaço para os cultos e fazia tudo o que fosse necessário.

A escola estava a correr bem e eu estava a progredir, no entanto, pensava constantemente na minha mãe, na minha irmã mais velha e nos meus dois irmãos mais novos que estavam de volta a Moçambique. A guerra estava no seu auge e o perigo era iminente, por isso não tinha paz quando pensava neles. A minha irmã mais velha teve de começar a trabalhar como empregada doméstica quando tinha apenas catorze anos, e a minha mãe teve de tentar vender o que podia para os alimentar. A guerra durou dezasseis anos. Foi um período muito longo para se viver numa zona de guerra, mas não havia outra opção para eles. Quando a guerra acabou, tive de voltar para Moçambique. Na altura, estava no sétimo ano na Suazilândia.

Começaram os preparativos para o repatriamento de todos os refugiados moçambicanos, incluindo eu. Fomos repatriados de volta a Moçambique, mas quando cheguei a Maputo, não consegui encontrar a minha mãe nem os meus irmãos. Eles estavam todos a viver em Manhiça com a minha tia, mas eu não podia ir para Manhiça e ficar com eles, porque a minha tia já tinha muitas pessoas na casa dela. Assim, tive de ficar em Maputo com um dos meus tios, que também estava a passar por dificuldades na vida. Felizmente, ele concordou em acolher-me. Naquela altura, ele estava separado da mulher. Ela tinha voltado para casa dos pais, levando consigo as crianças, por isso ele estava sozinho e pôde receber-me. Depois de alguns meses, eles reataram, e a mulher trouxe de volta os filhos. Já não havia espaço para eu dormir. Felizmente, ainda podia comer lá, mas não tinha onde dormir. A única opção para mim era dormir em casa de outra tia, que também vivia em Maputo, mas numa zona diferente. Isso significava que tinha de caminhar cerca de trinta minutos ou mais todos os dias para ir à escola e depois voltar para dormir. Foi assim durante muitos anos — comia num lugar e dormia noutro.

Na altura em que isto estava a acontecer, eu estava a orar ao Senhor Jesus para que as coisas mudassem. Outro desafio que tive de enfrentar foi que, na Suazilândia, onde comecei a escola, tudo era em inglês e swati, mas agora que tinha voltado para casa, tudo era novamente em português. Foi uma situação difícil para mim. Estava matriculado numa escola cristã em Maputo, no oitavo ano, e assim reiniciei os meus estudos.

Felizmente, um dos meus primos levou-me a visitar a cidade e vimos a Igreja Baptista. Fomos lá conhecer o pastor. Comecei a frequentar aquela igreja e a fazer alguns pequenos trabalhos, incluindo traduções quando havia missionários a visitar a igreja.

O meu trabalho na igreja envolvia ir a várias agências governamentais e, num desses dias, fui ao escritório da imigração, onde conheci um missionário sul-africano chamado Mark Harper. Ele estava a ter dificuldades em entender os agentes da imigração. Ajudei-o com a tradução e ele disse que queria que eu o ajudasse a começar a sua organização em Maputo, chamada Youth for Christ. Disse-lhe para vir comigo conhecer o meu pastor, que aprovou o pedido dele, e comecei a trabalhar para essa organização em Maputo.

As coisas ainda eram muito difíceis para mim. O escritório dele estava na Matola, talvez a uma hora de carro do lugar onde eu vivia, mas a viagem de autocarro envolvia dois autocarros. Eu não tinha dinheiro suficiente para apanhar dois autocarros para ir trabalhar lá todos os dias, por isso tinha de acordar muito cedo — às 3 da manhã — e caminhar metade da distância para apanhar apenas um autocarro. Isso não foi fácil, pois tinha de caminhar duas horas ou mais para chegar à próxima paragem de autocarro e conseguir chegar à Matola a tempo.

Naquela nova organização, comecei a receber um salário de 200 meticais (moeda moçambicana), cerca de 4 dólares norte--americanos por mês. Não era muito, mas era bom para mim naquela altura.

Enquanto trabalhava para a Youth for Christ na Matola, conheci o Ministério Iris, que tinha começado em 1995, em Chihango. Comecei a fazer algum trabalho voluntário com eles, mas em nome da Youth for Christ. Conheci a Heidi Baker, que gostou do meu trabalho como voluntário e convidou-me a juntar-me a eles. Concordei em juntar-me ao Ministério Iris em outubro de 1998. Na altura, eu ainda frequentava a escola secundária — estava no oitavo ano — e o Ministério Iris incentivou-me a continuar a estudar.

Da minha casa até ao Ministério Iris era apenas uma hora a pé, ou cerca de quinze minutos de carro, mas eu não queria gastar dinheiro em transportes. Queria que o dinheiro que estava agora a ganhar fosse para construir uma casa, porque não tinha um lugar seguro onde pudesse ficar. No Iris, estavam agora a pagar-me 420 meticais por mês, o que era o dobro do que eu recebia na Matola, e não precisava de usar nenhum desse dinheiro para o autocarro.

Um dos meus tios tinha uma casa muito velha em Choupal, que estava quase abandonada devido ao seu estado deteriorado. Ele disse à minha mãe que ela podia usar a casa, por isso a minha mãe disse-me que eu podia ficar lá. Fiquei muito contente por poder mudar-me para essa casa sozinho — eu tinha apenas dezassete anos. Onde eu estava a viver na altura era muito desconfortável, pois tinha de comer num lugar e dormir noutro diferente.

Durante aquele tempo, eu não entendia porque é que todas aquelas coisas me estavam a acontecer, mas agora compreendo melhor. O Senhor Jesus Cristo estava a preparar-me para coisas maiores. Ele estava a mostrar-me que, da poeira, pode erguer homens para representarem a Sua glória neste mundo, especialmente em Moçambique. Assim como muitos grandes profetas e homens de Deus — como, por exemplo, José, que, apesar de ter sido colocado num poço, mais tarde foi promovido a governador numa terra estrangeira —, Deus preparou José primeiro. Por isso, agora entendo o que o Senhor estava a fazer na minha vida. Ele estava a preparar-me para o que estava prestes a acontecer.

No Iris, comecei a trabalhar na escola como professor, mas a escola ainda não estava registada, e o Ministério da Educação queria fazer uma inspeção para a poder registar. Na altura, o diretor da escola não tinha ninguém para se encontrar com esta equipa de inspetores. Fui chamado para os receber e para responder a todas as suas perguntas. Graças ao Senhor, a escola foi aprovada.

A partir desse momento, a Heidi Baker quis que eu ajudasse o antigo diretor do Iris na administração, e assim fiz. Ela também me escolheu para ser o seu assistente pessoal, e fiz isso durante muitos anos, até ela se mudar para Pemba. Depois, a

Heidi nomeou-me administrador da organização, e eu aceitei essa posição. Nessa altura, tive de trabalhar ao lado do Steven e da Rosalind Lazar, os diretores do Ministério Iris em Zimpeto, e tenho trabalhado com eles desde então. Estes diretores mudaram a minha vida dramaticamente, pois mostraram-me o caminho a seguir e a não depender apenas do salário existente, mas também a pensar "fora da caixa".

Casei-me com uma linda jovem chamada Rosa, em 2001. Namorámos durante quase sete anos antes de casarmos. A família da Rosa achava que estávamos a demorar muito tempo, mas estávamos ainda a preparar-nos. O Senhor abençoou-nos para nos casarmos no tempo certo, e ainda somos felizes hoje porque esperámos pela direção de Deus e pelo Seu tempo.

A minha esposa e eu começámos um negócio de decoração, e o Senhor abençoou-nos. Começámos a construir devagar, mas com confiança. Prometi a mim mesmo que os meus futuros filhos não iriam passar pelas mesmas experiências que eu passei — como, por exemplo, ter de estar numa zona durante o dia e à noite ir dormir noutra.

Vou falar agora um pouco sobre a questão de ter filhos. Em África, quando se casa, espera-se que se tenha filhos logo a seguir, mas isso não aconteceu connosco. Visitámos muitos médicos, tanto em Moçambique como na África do Sul, durante mais de dez anos, e nada aconteceu. Era muito frustrante, e eu perguntava ao Senhor: "Porquê nós? Por que é que nós não conseguimos ter filhos?" – mas não obtinha resposta. Deus estava a abençoar-nos noutras áreas, mas não nos estava a dar filhos.

Às vezes, temos tendência a esquecer as coisas boas que o Senhor está a fazer por nós e concentrar-nos apenas naquilo que Ele ainda não fez. Isso abre a porta à frustração nas nossas vidas. Comecei a deixar de confiar plenamente no Senhor, a pensar que Ele não era capaz de resolver todos os nossos problemas.

Passado algum tempo, concluí que talvez a resposta de Deus à questão de termos filhos fosse um 'não'. Então, comecei a pensar em adotar uma criança. Dessa forma, podíamos ajudar uma criança sem pais e, ao mesmo tempo, realizar o nosso sonho de ter um filho. Adotámos uma menina chamada Lesley. Na altura, ela tinha apenas dois meses. Levámo-la para casa, amámo-la e cuidámos muito bem dela. Infelizmente, quatro meses após a adoção, descobrimos que a Lesley era seropositiva. Aceitámos essa realidade e levámo-la às consultas médicas todos os meses. Durante doze anos, acompanhámo-la com amor e dedicação. No entanto, ela faleceu devido ao VIH. Este foi um momento profundamente triste da minha vida. Pensei que talvez o Senhor não quisesse mesmo que tivéssemos filhos, e que a nossa história terminaria ali.

Com o tempo, porém, comecei a pensar em José, na Bíblia. Ele foi um servo fiel de Deus que perdeu tudo, mas que mais tarde foi restaurado com muito mais do que tinha antes. Fiz as pazes com Deus e encontrei paz n'Ele. Eu amava o Senhor, e, independentemente do que estivesse a acontecer, Ele continuava a ser o Senhor. Sempre.

Continuei com os meus estudos, fazendo um curso universitário com o apoio do Ministério Iris. Concluí a licenciatura e depois iniciei um mestrado em Administração Pública, que também terminei. Agora estou a fazer um doutoramento, com calma, mas com confiança. Tudo isso é graças ao Senhor — e ao apoio do Ministério Iris. Entretanto, Rosa e eu avançámos com outro negócio: começámos a construir casas para depois as arrendarmos. Atualmente, temos cerca de cinco casas em arrendamento, todas propriedade nossa. Esta é uma grande conquista em Moçambique. Deus tem-nos abençoado muito.

No meu trabalho aqui no Ministério Iris, como já referi anteriormente, comecei como um simples professor. Mas o Senhor levantou-me para ser o Administrador Nacional deste grande ministério. Mais uma vez, da poeira Ele me levantou para estar com reis e presidentes. Hoje posso sentar-me à mesa com eles, pegar no telefone e ligar para um Presidente, ou para um presidente de câmara, ou para outras pessoas influentes no Governo. O Senhor estava a preparar-me para isso. Deus queria mostrar-me que, apesar de eu vir de um contexto muito pobre, Ele podia levantar-me para conhecer pessoas importantes e fazer parte do círculo de decisão em Moçambique.

O meu negócio continua a crescer, e a minha família está feliz. Adotámos uma jovem chamada Nhelety, uma menina doce do centro de Zimpeto. Agora ela tem uma família, e nós temos uma filha maravilhosa. O Senhor sempre nos devolve o que se perde.

Quanto àqueles tempos difíceis em que tinha de comer num lugar e dormir noutro, isso ficou no passado. Hoje, graças a Deus, tenho casas onde os meus filhos podem viver com dignidade, sem passar pelas dificuldades que eu enfrentei.

Agradeço ao Senhor por me moldar e fazer de mim o homem que sou hoje — confiante, disposto a aprender e pronto para fazer tudo o que Ele me pedir. Considero-me verdadeiramente abençoado. Tenho uma família maravilhosa e uma boa casa. Temos comida todos os dias na nossa mesa, e os nossos filhos podem desfrutar de tudo aquilo que, com esforço e fé, conseguimos providenciar para eles.

Estamos casados há 23 anos, embora pareça que foi ontem. Deus está a abençoar-nos e a manter-nos fortes, apesar de termos enfrentado muitas situações difíceis, como a perda da nossa filha Lesley, em 2018. Esta continua a ser uma situação muito triste para nós. Mas o Senhor tem sido gracioso connosco. A minha esposa tem um excelente trabalho no Governo e foi promovida a Chefe das Finanças no Gabinete do Procurador-Geral em Maputo, com um bom salário. Este é mais um milagre nas nossas vidas. De facto, o Senhor tem-nos preparado para coisas maiores.

Francisco e Rosa

Foto da família

Francisco e a sua Mãe

CAPÍTULO 11

A história de Hermínio José Muchave

O MEU NOME é Hermínio José Muchave. Sou o primeiro e único filho do meu pai. A minha mãe e o meu pai conhece-ram-se quando o meu pai estava a fazer o serviço militar obri-gatório em 1986, na cidade de Chimoio, e no dia 13 de março de 1988 nasceu o bebé mais bonito do sul de África. Tenho ao todo três irmãos e três irmãs. Infelizmente, todos os meus irmãos fa-leceram, e agora sou apenas eu e as minhas três irmãs.

A minha infância foi cheia de sofrimento. Passei por situa-ções difíceis que não desejo a nenhuma criança. As coisas esta-vam a correr bem até eu ter dois anos, mas depois os meus pais separaram-se e o sofrimento na minha vida começou. A minha madrasta, cujo nome já não me lembro, estava a viver com o meu pai. Ela era muito má e não me dava comida. Sempre que o meu pai estava a trabalhar, ela costumava pôr óleo de cozinhar nos meus lábios à hora do almoço, antes dele chegar a casa para almoçar, para que ele pensasse que eu tinha comido. Eu não podia dizer a verdade, pois iria ser espancado pela minha madrasta assim que o meu pai voltasse para o trabalho.

O fim do mundo

Um dos episódios mais marcantes para mim aconteceu na véspera do Ano Novo de 1999–2000. Em Moçambique, a véspera de Ano Novo e o Dia de Ano Novo são sempre celebrados com grande entusiasmo e com festividades. Não importava o quão pobre uma família era, nessa época do ano todas as famílias faziam questão de ter pelo menos frango, batatas fritas, arroz, bolos e bebidas para a festa. Não sei se isto aconteceu em todo o mundo, mas em Moçambique havia rumores a circular de que no ano 2000 iria ser o fim do mundo.

Algumas pessoas venderam os seus bens, pessoas que viviam no campo venderam e mataram os seus animais, e houve muito desperdício. Não sei dizer de onde veio esta ideia. Talvez isto aconteceu porque a humanidade estava prestes a alcançar um grande marco, mas muitas pessoas em Moçambique levaram isto muito a sério.

Apesar de muitas pessoas terem desperdiçado muita comida, a minha família e eu estávamos ainda no fundo do poço, e sem saída. A nossa situação continuava na mesma, e lembro-me daquela véspera de Ano Novo como se fosse ontem. Não me lembro da refeição que tivemos, apenas me recordo que a minha mãe só tinha dinheiro suficiente para comprar uma pequena garrafa de refrigerante para três pessoas partilharem. Essa foi uma das vezes em que senti na pele a dor de ser pobre. Nem quero imaginar os pensamentos que passavam pela cabeça da minha mãe, porque deve ser doloroso quando uma mãe não consegue sustentar os seus filhos. A minha esperança era que dias melhores viessem, só não conseguia imaginar como é que isso iria acontecer.

Muitos anos depois, quando fui aos Estados Unidos, uma das coisas que notei logo foi o facto de os restaurantes e lugares de fast food oferecerem recargas gratuitas para todos os refrigerantes. Quando vi isso, fez-me lembrar aquela véspera de Ano Novo de 1999, quando só tínhamos um refrigerante para três pessoas.

Ano 2000

O ano de 2000 foi um ano muito difícil para a parte sul de Moçambique. O ano começou com chuvas intensas e pesadas, muitas áreas ficaram alagadas, as estradas e infraestruturas foram destruídas, e as pessoas perderam os seus bens. Parecia que estávamos a viver o fim do mundo. A nossa situação não mostrava sinais de melhoria e, se alguém me dissesse na altura que um dia eu iria estar onde estou hoje, juro que não teria acreditado, porque estávamos a passar tantas dificuldades. Se não fosse a família da minha mãe, que nos ajudou continuamente, a nossa situação poderia ter sido muito pior.

Nesse mesmo ano recebi a triste notícia de que o meu pai tinha morrido. Esta notícia só piorou a minha situação, e o meu sonho de, talvez um dia, ir para a escola e tornar-me uma pessoa de valor parecia mais distante do que nunca. O meu pai não nos tinha dado qualquer apoio, e não nos víamos há muito tempo, mas saber que tinha um pai sempre me dava um pouco de conforto e esperança de que um dia as coisas mudariam para melhor.

Desde que regressámos de Chimoio, tive a oportunidade de o ver duas vezes. A primeira vez, lembro-me que foi na rua. Ele perguntou-me por que é que eu tinha fugido de casa e parecia estar triste comigo. Quero acreditar que, no fundo do coração dele, ele estava feliz por me ver e por saber que eu estava em boa saúde. Que eu saiba, sou o único filho do meu pai. Em África, e especialmente em Moçambique, um pai quer sempre ter um filho para continuar o nome da família. A segunda vez que o vi foi na casa dele, onde vivia com outra mulher. Esta foi a última vez que o vi. A casa estava muito degradada, e ele já estava um pouco debilitado, com sinais de tuberculose.

A mulher que vivia com o meu pai deu-nos a triste notícia de que ele estava doente e tinha sido internado no hospital da Machava. Preparámos rapidamente uma refeição para ele e corremos para o hospital, mas quando lá chegámos recebemos a triste notícia de que ele tinha falecido há cinco dias e, como ninguém foi lá para identificar e reclamar o corpo, ele foi enterrado numa vala comum. Estávamos na esperança de poder vê-lo e cuidar dele, mas foi tarde demais, e o mais triste é que não lhe pudemos fazer um funeral digno.

Na altura, eu estava triste e a minha mãe também. Eles não estavam juntos, mas imagino que ela estivesse preocupada por eu estar a crescer sem o meu pai. Agora, quando me lembro disso, fico muito triste.

Eu queria tanto ter o meu pai comigo, sempre quis ter alguém a quem chamar pai e partilhar todos os momentos da minha vida, bons e maus. Como não vivi com o meu pai, e ele morreu quando eu era ainda jovem, ainda pensei na possibilidade de ser adotado.

Em toda a minha infância tive de passar por momentos difíceis. A nossa família sempre foi desorganizada e disfuncional, e isso prejudicou-me a mim e aos meus irmãos. Era difícil para nós enfrentarmos a vida com coragem e confiança, porque é na família que os nossos medos e inseguranças são abordados de uma maneira segura. A família proporciona segurança e é o lugar perfeito para cometer erros, porque estamos rodeados de pessoas que nos amam e que querem o melhor para nós. Elas servem como a base para o nosso sucesso. Essa é a base que os meus irmãos e eu não tivemos quando éramos crianças e na pré-adolescência também.

Iris Global Zimpeto

O arco-íris é usado para simbolizar uma nova era, um novo começo. O destino fez com que o meu novo começo fosse no mês de março de 2001, quando a minha mãe me levou, juntamente com as minhas irmãs Zaida e Onésia e o meu irmão Hilário, ao centro em Zimpeto, em Maputo. Lembro-me que, quando chegámos lá, a Mamã Heidi estava a distribuir presentes a todas as crianças, tanto aos residentes do orfanato como às que não eram residentes. Havia mais de 500 crianças no centro, para além de outras que vinham de fora. A minha mãe tinha ido pedir informações sobre os requisitos necessários para que os meus irmãos e eu pudéssemos ser admitidos na base. A resposta, porém, não foi positiva, porque o centro estava superlotado. Ainda assim, tivemos a sorte e o privilégio de receber presentes das mãos da Mamã Heidi. Esta foi a primeira vez que os meus irmãos e eu recebemos presentes, e para mim foi ainda mais especial, porque março é o mês do meu aniversário.

Na altura, eu não tinha ideia do que se estava a passar, mas hoje consigo olhar para trás e ver Deus a orquestrar o Seu plano para a minha vida. Foi um dia inesquecível. Os meus irmãos e eu recebemos muitos presentes, algo que nunca imaginámos que pudesse acontecer. Não consegui conter a emoção, porque Deus já tinha traçado a minha história, e não ficou por aí; havia outra caixa de surpresas para abrir.

Não fomos aceites para viver no centro porque o lugar estava sobrelotado, mas, no mesmo dia, disseram-nos que podíamos frequentar a escola em Zimpeto, apesar de não termos documentos (a minha mãe tinha perdido todos os nossos documentos pessoais). O meu irmão mais velho entrou para o quinto ano, eu para o segundo ano, e a minha irmã mais nova estava no primeiro ano. Nessa altura, o meu nível de instrução era praticamente zero. Não comecei no primeiro ano porque pensei para mim: "Se eu começar no primeiro ano com a minha irmã mais nova, ela não me vai respeitar, porque estaremos na mesma turma e eu sou muito mais velho do que ela."

O facto do centro estar sobrelotado não foi a única razão pela qual não fomos admitidos. Entre 1992 e 1997, particularmente em Maputo, havia rumores sobre pessoas brancas a raptar e traficar crianças para as vender noutro lugar, e muitas famílias temiam que algo mau pudesse acontecer aos seus filhos. Quando chegámos ao centro, uma das coisas que chamou a nossa atenção foi a presença de muitos brancos. Então, o meu irmão mais velho lembrou-se da expressão "Tata Mamã, tata Papa", que significa "Tchau Mamã, tchau Papá". Ele rejeitou a possibilidade de viver no centro por medo de ser raptado e disse aos administradores que não queria ficar lá. Ele também pensou que a nossa mãe nos estava a abandonar, e era isso mesmo que parecia estar a acontecer naquele momento.

Na semana após o início da escola, não vimos o nosso irmão. Só o vimos duas semanas depois, quando veio visitar-nos e trouxe muitas coisas consigo. Ele tinha sido aceite no orfanato e recebeu ajuda de alguns dos seus colegas que lá viviam. Um desses jovens chamava-se Florindo. Custou-nos a acreditar no que estávamos a ouvir, mas era verdade. O nosso irmão tinha-se tornado amigo próximo da Mamã Heidi, e os fantasmas de "Tata Mamã, tata Papa" já tinham desaparecido.

Este é o poder do amor. A Heidi e o Rolland são pessoas incríveis. Eles amam sem reservas e dão sem pensarem no custo. Foi esse amor que amoleceu o coração do meu irmão. Ele voltou para casa limpo, com roupas novas, sapatos novos e muitas outras coisas. Agradecemos a Deus por ele não se ter esquecido de nós. Durante o ano de 2001 até o início de 2002, ele veio visitar-nos pelo menos uma vez por mês. Em muitas dessas visitas, trouxe coisas para partilhar connosco. De tudo o que ele recebia, guardava sempre uma parte para nós, e a visita dele à nossa casa era sempre motivo de alegria. Nessa altura, começámos a sentir que algo positivo se estava a aproximar. Já conseguíamos ver uma luz ao fim do túnel, alguma coisa ia dar certo.

"Hoyo-hoyo!" ("Bem-vindo!") Foi assim que fomos recebidos quando chegámos pela segunda vez ao Iris Global Zimpeto. Desta vez estávamos lá para ficar. O meu irmão Hilário tornou--se o nosso herói quando, através da sua influência com a Mamã Heidi, conseguiu uma assinatura dela que nos autorizava a ficar no orfanato. O meu irmão era uma pessoa extrovertida que cativava a atenção de qualquer pessoa que se cruzasse no caminho dele.

Mais uma vez, quero enfatizar que a nossa chegada ao Iris Global Zimpeto foi em março, no mês do meu aniversário. Fomos calorosamente recebidos e recebemos roupas novas, sapatos novos e cobertores novos. Para mim, tudo era novo. Não conseguia conter a alegria de ter uma cama só para mim, um chuveiro, uma casa de banho e muito mais. Não vão acreditar, mas para mim ter eletricidade também era uma novidade.

No Zimpeto, tínhamos três refeições por dia. Ter três refeições diárias não era algo comum para qualquer família. A maioria das famílias tinha apenas duas refeições: um pequeno-almoço tardio e um jantar que era sagrado. Do jantar sobrava o famoso "Xiquento". Este é o nome dado à comida que sobra e que geralmente é servida aos mais pequenos enquanto esperam pelo pequeno-almoço. No Zimpeto, tudo era novo para mim, e até hoje tudo continua a ser uma novidade.

Não sei como explicar, e ainda não tenho palavras para agradecer a Deus por tudo o que Ele fez por mim e por tudo o que Ele está a fazer ainda hoje. Ele foi muito generoso comigo, usando pessoas como o Rolland e a Heidi Baker, o Steve e a Ros Lazar, a missionária Célia Mendes, os educadores como o Mestre Júlio e outros. Fico espantado quando vejo onde Deus me permitiu chegar. Ele tirou-me da posição de pedinte e colocou-me na posição de alguém que pode dar a outros. Aprendi que dar é melhor do que receber.

Nas primeiras semanas a viver no centro, senti-me como um peixe fora de água. Um peixe depende muito do ambiente em que vive e, quando sai da água, morre. Não demorou muito a perceber que eu estava fora do meu habitat normal. Tinha mais de 500 irmãos e irmãs, em vez de dois ou três. Em pouco tempo, tive de mudar os hábitos e costumes que trazia de casa. No início, foi um grande desafio, porque muitos dos rapazes no meu dormitório vinham da rua e tinham uma maneira de ser que eu nunca tinha visto antes. Eles não percebiam a diferença entre o bem e o mal. Muitos deles tinham passado quase toda a infância nas ruas da cidade de Maputo. Perante isto, tive de fazer uma escolha que ninguém podia fazer por mim: ou eu aguentava esta situação e aproveitava todos os benefícios que me estavam a oferecer, ou tinha de voltar para casa e ficar sem escola e sem condições dignas de vida.

Não demorou muito para eu começar a fazer amigos: tinha três — o Florêncio, o Luís e o Tomás Nhanhane. Nhanhane significa "pássaro" em Changana (a língua tribal local). Ele corria tanto! Lembro-me de estarmos juntos na equipa de atletismo a representar a nossa escola, e sempre que fazíamos corridas, ele ganhava o primeiro lugar. Para nós, ele não corria, ele voava. O Tomás era um amigo importante para mim, pois ele trabalhava na cozinha e assim eu conseguia comida extra quando precisava. Também fiz amizade com outros rapazes e educadores (supervisores dos nossos dormitórios) e fui-me familiarizando com a maneira de ser deles. Aprendi a compreendê-los e a amá-los como eles eram. Eles não eram maus, eram apenas rapazes que tinham passado por muito na vida.

Comecei a estudar quando tinha treze anos e entrei no segundo ano. A minha primeira sala de aula era uma "sala-dormitório". De manhã, era usada como sala de aula e à tarde servia como dormitório. Nos primeiros três meses nesta turma, tive dificuldade em compreender as matérias e muitas vezes tinha de pedir a um colega, chamado Alberto, para me explicar as coisas e ajudar-me com os trabalhos de casa.

Eu tinha muita vontade de aprender e, em menos de quatro meses, já estava a começar a assimilar as coisas. Lembro-me que, nos últimos três meses de aulas, fui o melhor aluno, e desta vez foi o meu amigo Alberto que me veio pedir ajuda com os trabalhos de casa.

No final do ano, comecei a participar no grupo de jovens, que era liderado pelo Pastor Norberto Sango, que também era o líder do grupo de louvor. Ele era muito influente entre os jovens. Nessa altura, eu já participava nos cultos da igreja, e este foi o meu primeiro contacto com uma igreja evangélica. No início do ano seguinte, em 2003, aceitei Jesus como meu Senhor e Salvador e fui batizado no mês de março, durante uma conferência nacional da igreja Partners in Harvest, que estava ligada ao ministério. No final de 2003, comecei a participar num treinamento de discipulado, que era feito por uma missionária brasileira chamada Célia Mendes. Nesse discipulado, aprendi os princípios básicos do cristianismo: amar a Deus acima de todas as coisas, amar o meu próximo como a mim próprio e perdoar os outros como eu também fui perdoado. Aprendi a andar com os meus próprios pés, a carregar a minha cruz e a seguir a Jesus.

Enquanto dava os meus primeiros passos na escola, também estava a dar os meus primeiros passos na vida cristã. Tinha muito desejo de crescer no temor de Deus, de amá-Lo e de amar o meu próximo. Também tinha muita vontade de aprender mais na escola, e de ser ainda melhor do que no ano anterior. Em 2003, fiquei em segundo lugar na minha turma, e em 2004, quando fiz o quarto ano, fiquei em primeiro lugar. Recebi um presente das mãos da Mamã Heidi, uma bola. Fiquei muito feliz com isso.

Um dos grandes desafios que enfrentei nos primeiros quatro anos no orfanato foi aprender a ignorar as provocações, pois os rapazes gozavam muito comigo. Eu não sabia como ignorar isso, e por isso acabava sempre em brigas. Tinha brigas na escola, brigas no dormitório, eu estava sempre envolvido em brigas. Em 2005, estava cansado de todas as lutas, e então decidi parar. Em oração, pedi a Deus que me ajudasse a não lutar mais, e a ajudar-me a aguentar todas as provocações. Nessa altura, eu já sabia mais sobre a palavra de Deus e conseguia conter-me um pouco mais quando era provocado, mas o meu desejo era parar completamente de brigar. Eu também era responsável por grupos de discipulado, e queria dar um bom exemplo àqueles rapazes. Não tinha ideia do que Deus iria fazer. As brigas não só pararam na minha vida, mas na vida de todas as crianças do orfanato. Em 2008 foi o ano em que percebi que quase nenhuma criança tinha brigas no orfanato. As crianças tinham desentendimentos, mas raramente lutavam. Para mim, isso foi claramente um milagre de Deus.

Nas famílias africanas é costume haver a expectativa que quando os filhos crescem, eles depois vão começar a apoiar as suas famílias de alguma forma, seja financeiramente, moralmente, etc., e comigo não foi diferente, só que eu não esperava que fosse tão cedo. Eu ainda não estava a trabalhar, e estava a ser apoiado pelo Iris Global. Devido à situação da minha mãe, ela tinha essas expectativas sobre mim. Em 2006, soube que a pequena casa da minha mãe tinha ardido. Falei sobre isso com a minha mentora missionária, a Célia Mendes, e o ministério ajudou na construção de uma nova casa para a minha mãe (apesar de já nos estarem a ajudar doutras formas). Eu fiquei muito grato por esse gesto. Nessa altura, partilhei com a minha mãe o que eu estava a aprender no discipulado sobre o perdão e o amor ao próximo, pois sentia que era isso que a minha família precisava.

Em 2004, fiquei separado dos meus irmãos e da minha irmã. A minha irmã mais nova foi levada para Pemba, e o meu irmão mais velho foi para a Beira. Foi difícil para mim, pois eles eram as únicas pessoas que me compreendiam melhor, e estar longe deles era como um castigo para mim. Apesar de estar triste com esta situação, tive de continuar com a minha vida. Decidi concentrar-me em mim próprio e dar o meu melhor para obter bons resultados na escola e poder ficar em Zimpeto. O centro tinha iniciado um programa de reintegração com o objetivo de retornar as crianças às suas famílias. O ministério Iris Global sempre acreditou que o melhor lugar para a criança era com a sua família, a menos que a criança não tivesse nenhum membro da família que pudesse apoiá-la. Às vezes, o ministério era forçado a reintegrar crianças cujo comportamento estava a prejudicar outras crianças, e ninguém queria ser reintegrado por esse motivo. Eu não queria ser reintegrado na minha família na altura, porque queria aproveitar tudo o que Deus tinha para mim através do Iris Global.

Fui crescendo passo a passo, adquirindo um pouco de maturidade espiritual, psicológica e física. O centro confiou-me algumas responsabilidades, tais como liderar grupos de limpeza, grupos de casa e até me deram a responsabilidade de ser assistente dos pais de dormitório que trabalhavam nos fins de semana, cuidando de cerca de trinta crianças.

Em 2010, alcancei um grande marco na minha vida: acabei o ensino secundário. Ainda me custava a acreditar que uma criança que começou a estudar aos treze anos pudesse alcançar isto. O meu primo, que era um ano mais velho do que eu, ainda estava no sexto ano. Antes de ir para a escola, eu não sabia ler nem escrever o meu próprio nome. Terminar o ensino secundário em dez anos foi um grande privilégio e honra para mim. Para algumas pessoas, isto pode parecer normal, mas no meu coração só podia agradecer a Deus e ao Iris Global por me terem dado a oportunidade de sonhar.

Nesse mesmo ano, fui convidado pelo Vovote Emilio para fazer parte do grupo de louvor. Antes de entrar neste grupo, eu já servia na igreja, varrendo e limpando os bancos e cantando canções de louvor durante os cultos. Eu disse ao líder que não sabia tocar guitarra, nem nenhum outro instrumento, mas isso não foi um problema para ele. Ele queria que eu aprendesse a tocar guitarra para que pudesse liderar o louvor sempre que fosse necessário, e deu-me muito tempo para isso. Nessa altura, eu só conseguia tocar uma canção: "Heart of Worship" no tom de Ré. Depois de alguns meses, ele disse-me que eu iria liderar na semana seguinte. Confesso que tive medo de não conseguir ou de tocar os acordes errados. Graças a Deus, tive o apoio de todo o grupo, e tudo correu bem. Até hoje, Deus tem-me dado a graça de continuar a liderar o louvor e adoração para centenas de pessoas em várias partes do mundo.

Em 2011, não pude ir para a universidade por várias razões. Deram-me mais responsabilidades no centro; comecei a supervisionar a biblioteca durante as férias de verão e também trabalhei na área de hospitalidade. Fui o primeiro moçambicano a fazer parte da equipa de hospitalidade, e foi nessa altura que desenvolvi mais o meu inglês, tanto na fala como na escrita, porque muitos dos nossos visitantes falavam inglês. Depois, passei a liderar o ministério nos hospitais, visitava os doentes e liderava o louvor na igreja.

O ano de 2012 começou bem. Comecei na universidade, o que foi outro grande marco na minha vida. O rapaz que não tinha sonhos e que começou a estudar aos treze anos tinha agora escolhido a direção que queria seguir na sua vida. A minha escolha foi Gestão Financeira e Bancária. No entanto, em Moçambique temos um ditado que diz: "A alegria do pobre não dura muito." Desta vez, o problema não era a pobreza, era algo mais profundo e muito triste.

A notícia mais triste da minha vida chegou através do Hospital Central. O meu irmão e meu herói, Hilário, tinha perdido a vida, vítima de uma doença prolongada. Mais uma tragédia para mim e para a minha família. Ele faleceu demasiado cedo, tinha apenas 27 anos. Eu tenho 35 anos agora e sinto-me jovem e com muita energia. Ele estava envolvido na indústria da música, tinha lançado mais de quinze canções no mercado e estava a subir na sua carreira. Foi uma grande perda; éramos os únicos homens na nossa família, e isso trazia muito equilíbrio no meio de quatro mulheres. A partida prematura dele deixou--me com muita responsabilidade sobre as minhas irmãs e mãe. Mais do que isso, a perda do meu irmão deixou um grande vazio no meu coração. Eu gostava muito dele e, apesar de estarmos um pouco distantes, tínhamos um bom relacionamento. Desde a tragédia da morte dele, em março de 2012, pensei muitas vezes sobre como seria a nossa vida se o meu irmão ainda estivesse vivo. Sonhei com ele centenas de vezes. Hoje, só posso estar grato por tudo o que o meu irmão fez por mim e pela minha família.

A vida tinha de continuar, e eu tinha de encontrar força para continuar a lutar e a acreditar que um dia Deus iria colocar de novo um sorriso nos meus lábios. Após a morte do meu irmão, tive algumas recaídas na minha vida pessoal, cometi muitos erros dos quais não me orgulho. A única coisa que não deixei de fazer foi aproximar-me de Deus sempre, como uma ovelha que cai na lama. Ajudou-me muito ter a família do ministério Iris Global ao meu lado, e a minha própria família, que também me deu muito apoio.

Em 2015, após treze anos no centro, concordei em regressar para a casa que o Iris Global me tinha comprado em 2009. Eu ia regressar para uma vida onde tudo seria novo para mim. Tudo o que eu sabia estava relacionado com a minha vida em Zimpeto. Agora, tinha de aprender a viver na minha comunidade. Mais uma vez, senti-me como um peixe fora de água. No mesmo ano, terminei os meus estudos na Universidade Unitiva.

Em 2017 aconteceram três grandes eventos na minha vida. Deus não se tinha esquecido de mim. No dia 2 de junho, graduei-me com um diploma de Gestor Financeiro e Bancário. No dia 30 de junho, o meu pedido de casamento foi aceite e, no dia 30 de setembro, casei com a minha linda esposa, Kasey DeMars.

Cinco anos depois, após muitas tentativas, Deus abençoou-nos com uma menina excepcionalmente bonita, a nossa Princesa Sophia.

Se em 2001 me tivessem dito que eu, um rapaz de treze anos, sem sonhos, que não sabia ler nem escrever o próprio nome, iria ter um diploma dezasseis anos depois, falar e escrever bem em inglês, e casar com uma mulher americana, eu teria dito mil vezes que isso não seria possível. Continuo admirado com o que Deus fez na minha vida através do Iris Global. Eles foram as mãos de Deus para mim.

Se me perguntarem qual foi o depósito de Deus na minha vida, digo sem dúvida que foi a generosidade das pessoas. O primeiro exemplo disso foi o meu tio Zeca Duque, a minha tia Isabel Duque e a sua família. Sem hesitar, eles acolheram-nos na casa deles na cidade de Chimoio em 1993, quando a minha mãe procurava melhores condições de vida. Cuidaram de nós sem se cansar. Compraram uma casa e tornaram-se o nosso refúgio. Não poderíamos ter ficado lá seis anos se não fosse por eles. Eles tornaram a nossa vida mais fácil, e os seus sete filhos trataram-nos com muito carinho e amor. Foram os primeiros anjos de Deus na nossa vida.

O segundo ato de generosidade foi-me demonstrado a mim e aos meus irmãos pelo Rolland e a Heidi Baker, que, através do seu ministério Iris Global, nos deram abrigo, acesso à escola e a oportunidade de sonhar. Em 1994, quando leram num jornal que Moçambique era um dos países mais pobres do mundo, após uma guerra civil de dezasseis anos, fizeram as malas e viajaram para Moçambique. Deram tudo o que tinham para que milhares de crianças pudessem ir à escola e ter pão na mesa. Através da obediência deles a Deus, muitas pessoas foram impactadas em Moçambique e noutros países em África. Várias comunidades foram transformadas de inúmeras maneiras, incluindo a disponibilização de furos de água, a construção de maternidades, clínicas e escolas. Eles foram os segundos anjos enviados por Deus para cuidar de nós.

O terceiro ato de generosidade foi-me demonstrado pelo Steve e pela Ros Lazar, que durante mais de 20 anos dedicaram as suas vidas a servir o ministério Iris Global em Zimpeto. Eles tinham uma vida estável e confortável na Austrália com a sua família, mas foram movidos pelo desejo de contribuir para um mundo melhor. Partilharam tudo o que tinham com a base em Zimpeto, servindo as crianças e as comunidades locais, construindo escolas e proporcionando abrigo para órfãos, idosos e viúvas. A Ros tem um coração especial para os bebés e crianças. O Steve também ama as crianças e, mais do que isso, tem um coração para os adolescentes e jovens. Fez um trabalho excelente com os jovens da minha geração. Devo confessar que não éramos pessoas fáceis de lidar e dávamos muito trabalho, mas o Papa Steve era como um pai, sempre paciente, que procurava o melhor para nós em todas as situações, não se zangava facilmente e perdoava rapidamente. Eles foram os terceiros anjos enviados por Deus à minha vida.

Depois de tudo o que disse sobre a minha vida, quem eu fui e quem sou hoje, sinto que a marca do ministério que Deus tem para mim enquanto estiver nesta terra é a generosidade. Deus fez tanto por mim, colocou pessoas na minha vida que plantaram sementes de generosidade, e deram-me tanto amor. Cuidaram de mim e da minha família quando estávamos no fundo do poço. Considero estas pessoas como os meus heróis e agora só quero poder retribuir.

Após 22 anos, sinto que Deus está a colocar em mim o desejo de fazer algo para ajudar pessoas que se encontram na mesma situação em que eu estava. Hoje, quando ando por alguns bairros da cidade de Maputo ou Matola, vejo pessoas e famílias em necessidade, e isso faz-me lembrar de onde Deus me levantou. Não tenho muito, mas o pouco que a minha família tem, queremos partilhar com aqueles que nada têm. O meu coração chora e faz-me querer ajudar todos, mesmo que isso não seja possível. Oro a Deus para que os meus atos de generosidade façam alguma diferença na vida das pessoas. Oro também para que Deus levante outras pessoas generosas para partilharem um pouco do que têm com os outros.

E isso é o que estou a fazer agora. Eu era um órfão, mas agora sou pai de muitas crianças na América e em Moçambique. A minha esposa e eu estamos envolvidos com o acolhimento de crianças nos Estados Unidos, e já tivemos nove crianças na nossa casa até agora. Quando estamos em Moçambique, servimos como missionários no Iris Global em Zimpeto, cuidando das crianças no centro, na comunidade e ministrando na igreja local. Acho que não estaria a fazer o que faço agora se não fosse pelo meu passado. Através do meu sofrimento, Deus deu-me compaixão por aqueles que estão em necessidade. Agradeço a Deus pelo trabalho Dele em mim.

A minha esposa e eu voltámos aos EUA em 2021 para que a Kasey concluísse a sua formação como parteira. No final de 2023, o Papa Steve convidou-nos a regressar ao Iris Global em Zimpeto para assumirmos o papel de Diretor das Crianças. A Kasey, a Sophia e eu chegámos em junho de 2024 e comprometemo-nos a fazer este trabalho por um mínimo de dois anos.

Deus é bom, SEMPRE!

Hermínio na graduação da Universidade

Hermínio, Kasey e Sophia

Hermínio com a sua família e Mãe

CAPÍTULO 12
A história de Hilda Francisco

O MEU NOME é Hilda Francisco. Nasci a 3 de maio de 1989, em Maputo, Moçambique. Atualmente, vivo no bairro de Zimpeto. Não sou uma escritora experiente e espero que a minha história faça sentido e toque o seu coração. Não me lembro de muitas coisas do meu passado, mas oro para que a minha história possa trazer glória a Deus e tocar o seu coração.

Antes de vir viver para a base do ministério Iris em Zimpeto, eu vivi com a minha mãe (Alice Fernando Magaia) e os meus quatro irmãos em condições terríveis. Morávamos numa casa de caniço com um quarto e uma pequena sala de estar.

Os meus pais separaram-se quando eu tinha três anos, e nessa altura a minha mãe voltou para a casa dos meus avós, onde recomeçou a sua vida. Algum tempo depois, o meu pai decidiu deixar o lugar onde nasci. Foi viver para outra província com outra mulher e nunca mais quis saber de nós.

Havia mais de vinte pessoas a viver na casa dos meus avós. À hora das refeições, era difícil comer, porque não havia comida suficiente para todos. A minha mãe muitas vezes passava fome e dava-nos as suas refeições.

A minha mãe viu que estávamos a sofrer muito na casa dos meus avós, então decidiu sair e foi até ao chefe da área (um representante local) de outro bairro. Pediu-lhe um terreno e disse-lhe que pagaria mais tarde.

Os líderes locais tiveram compaixão da minha mãe e deram-lhe um terreno, onde ela construiu uma casa de caniço com um quarto e uma sala de estar. Conseguimos mudar-nos para lá, apesar de não termos nada para recomeçar a vida.

A minha mãe não tinha emprego, mas, com a graça de Deus, conseguia comprar o que era necessário para a casa. Fazia pequenos trabalhos, como trabalhar nas hortas de outras pessoas, e assim conseguia ganhar um pouco de dinheiro para nos sustentar. Outras vezes, ela ia para o mato cortar lenha e depois vendia a lenha de porta em porta.

Na nossa casa, só tínhamos uma refeição por dia e muitas vezes partilhávamos um prato entre nós dois ou três. A nossa vida não era um mar de rosas e tínhamos muitas necessidades.

Os anos foram passando, e quando fiz sete anos, fui para a escola, para a 1.ª classe. Foi então que a minha mãe soube que havia uma igreja perto de casa (chamada Partners in Harvest) e decidiu que toda a família deveria frequentar os cultos. Foi nessa altura que conhecemos a Mamã Heidi e o Papa Rolland (Dr. Rolland e Heidi Baker). Eles eram os fundadores da igreja, e a escola onde eu estudava ficava num antigo centro governamental que os Bakers tinham restaurado, e estavam a usá-lo para acolher crianças órfãs ou abandonadas.

Quando fiz nove anos, e estava na terceira classe, a vida em casa piorou ainda mais, porque a minha mãe começou a ter problemas de saúde devido ao trabalho pesado que fazia. Ela já não conseguia sustentar-nos, muito menos pagar as despesas da escola. Num domingo, ela falou com o pastor da igreja e pediu-lhe que falasse com a Mamã Heidi para nos levar para o centro em Zimpeto.

Num belo domingo, a Mamã Heidi veio à igreja com outros missionários e estava a pregar a palavra de Deus. Depois do culto, o pastor levou a minha mãe até à Mamã Heidi para falarem sobre o pedido dela para nos levarem para Zimpeto devido à nossa situação de vida. A Heidi ficou comovida com a nossa história e concordou em levar-me a mim e dois dos meus irmãos. Tivemos de nos despedir da nossa mãe na igreja porque nos levaram no mesmo dia para o centro de crianças em Zimpeto. A despedida foi tão dolorosa, eu chorei muito porque, pela primeira vez, ia ficar longe da minha mãe. Mas na altura eu não sabia que Deus estava a abrir um caminho para mim. Cheguei ao centro em maio de 1999, e foi muito difícil adaptar-me ao novo ambiente. Lembro-me de chorar noite e dia e de querer voltar para casa porque sentia muita falta da minha mãe.

Quando cheguei ao centro, recebi roupas novas, uma escova de dentes e sapatos novos. Isso foi muito emocionante porque eu nunca tinha recebido roupas novas. (Em casa, era normal passar um ano ou mais sem termos roupas novas. A maior preocupação da minha mãe era ter comida na mesa). No dia seguinte, fui para a escola e lá recebi material escolar, e fui bem recebida pelos meus colegas.

Uma semana depois, a minha mãe veio visitar-nos ao centro. Pensei que ela vinha para nos buscar, mas não foi isso que aconteceu. Não consegui conter-me e comecei a chorar novamente, porque pensei que ela já não nos queria.

Com o tempo, percebi que a minha mãe teve de nos admitir para o centro porque ela não conseguia cuidar de nós todos. No centro, tive uma boa educação, três refeições por dia, recebi bons cuidados e tinha roupas suficientes. A minha mãe visitava-nos regularmente.

Na zona das meninas, havia 9 quartos para mais de cem meninas. Não havia camas suficientes para todas, por isso tinham de dormir duas meninas em cada cama.

Nós todas usávamos as mesmas casas de banho, por isso demorava muito tempo para tomarmos duche, mas, comparando com a vida que eu tinha em casa, tudo isso era um luxo. Todos os dias tínhamos três refeições (pequeno-almoço, almoço e jantar).

Na minha infância, passei muito tempo sózinha com os meus pensamentos. Gostava de cantar, ler, interpretar e criar os meus próprios poemas e canções. Não imaginava que viver no centro do Iris Global em Zimpeto iria mudar completamente a minha vida.

Quando tinha treze anos, fui batizada pela Mamã Heidi Baker e pelos pastores da igreja em Zimpeto. Foi um dia especial para mim, porque entreguei a minha vida a Jesus.

Os anos passaram, e comecei a cantar no grupo de louvor da igreja. Deus começou a dar-me novas canções, e eu comecei a escrever. Adoro ouvir a voz de Deus nos momentos em que me sinto sózinha. Em 2001, aos dezassete anos, conheci o Papa Steve e a Mana Ros — um casal da Austrália. Em 2003, a Heidi e o Rolland Baker mudaram-se para Pemba, no norte de Moçambique, e o Papa Steve e a Mana Ros foram nomeados como os novos diretores do centro em Zimpeto. Fui muito impactada por eles, e acho que eles também gostaram de mim à primeira vista. Experimentei tantas emoções no Iris Global. Esta era a minha família, mas nunca me esqueci de onde vim.

No início de 2011, o centro construiu uma casa para mim na área local, perto do centro, e lá fui reintegrada. (A reintegração é um termo que usamos para retornar crianças à comunidade, a um membro da família, a um pastor ou cuidador. No caso de crianças mais velhas, pode significar viver sozinha numa casa.)

Comecei a trabalhar na cozinha do Iris Global para poder pagar as minhas despesas diárias. Nesse ano terminei os meus estudos do 12.º ano e, depois, entrei na universidade, o que foi outro desafio para mim.

Nota do autor: *Isto foi uma grande conquista. A Hilda foi uma das primeiras raparigas do nosso centro a completar o 12.º ano e a ser admitida na universidade.*

Eu queria estudar para me tornar "alguém" no futuro. Alguns diziam que estudar era uma loucura, mas para mim era um presente. Ouvi de muitas pessoas que a minha vida iria acabar mal porque eu iria tornar-me numa rebelde e acabar sózinha — a cultura em Moçambique dita que as raparigas de 18 anos devem casar e formar uma família. Já se passou muito tempo, e a minha vida é como um livro. Cada capítulo é um novo começo. Cada novo começo é um desafio, e cada desafio é uma conquista. Em cada conquista há uma nova forma de ver a vida e de fazer tudo valer a pena.

Em 2014, casei-me com o António na igreja, e hoje temos duas filhas lindas.

Em 2017, tive um encontro inesperado com o meu pai. Os meus irmãos e eu decidimos procurá-lo. Fomos à província de Gaza, onde ele vivia com a sua outra família. Foi uma reunião cheia de muitas emoções. Ele pediu perdão pelo que aconteceu, mas nada pode apagar a má impressão que tenho dele por nos ter deixado na miséria. Consegui perdoá-lo porque Deus me ensinou a amar e a perdoar o próximo.

Agora posso dizer que os milagres realmente existem. Em 2018, terminei a minha licenciatura em Economia e depois formei-me. Após concluir os meus estudos, comecei a trabalhar como Assistente Social no nosso departamento de Bem-Estar Social do Iris Global em Zimpeto. O meu trabalho principal é reintegrar as crianças às suas famílias e receber novas crianças.

Em 2019, comecei também a trabalhar na zona das raparigas como responsável pelo dormitório. Fomos testemunhas de um grande milagre: começaram a demolir e a reconstruir a zona das raparigas. Hoje, essa área alberga 50 raparigas, com

7 quartos, cada um com casa-de-banho própria. Cada rapariga dorme na sua própria cama e tem acesso a uma cozinha e uma sala de costura para as atividades diárias.

Decidi continuar com os meus estudos e atualmente estou a terminar um mestrado em Gestão de Recursos Humanos. Com este curso, gostaria um dia de ser gerente. Quando era criança, jamais poderia sonhar que um dia estaria onde estou. Moçambique progrediu imenso nos últimos vinte anos, há mais oportunidades na área da educação (particularmente para raparigas), mais incentivo para continuar a estudar, e o sistema de Bem-Estar Social melhorou significativamente.

Agradeço a Deus por nunca me ter deixado sózinha. Ele esteve sempre ao meu lado, cuidando de mim e do meu coração partido. Ele cuidou da minha família biológica e agora tenho uma relação maravilhosa com cada um deles. Já não tenho o meu pai (ele faleceu em agosto do ano passado), mas fico feliz por o ter conhecido e perdoado.

Penso muitas vezes em tudo o que vivi — nas dificuldades da infância e em todas as coisas que aprendi e fiz, e que ficaram para trás. Nesses momentos, sinto-me maravilhada pela fidelidade de Deus e pelas muitas pessoas que me ajudaram a chegar onde estou hoje.

Oro para que, no futuro, eu sempre me lembre das experiências da vida, tanto das boas como das más, pois elas me servirão para crescer espiritualmente e fortalecer a minha vida.

Neste momento, estou grata a Deus por tudo o que tenho, e a minha esperança é que eu possa continuar a crescer para ser um exemplo maravilhoso para a minha família e para a minha comunidade local. Sou uma pessoa muito feliz e realizada por causa da ajuda de Deus e das pessoas do Iris Global em Zimpeto que Ele colocou no meu caminho. Posso realizar o meu sonho, estudar e ter Jesus como Senhor da minha vida. Tenho uma família maravilhosa. Por tudo isto, sou grata a Deus.

A minha vida não tem sido um "mar de rosas", pois enfrentei muitas dificuldades. Sou feita de carne e osso, e tenho sentimentos. Eu vivo com as minhas emoções vivas, e acima de tudo, tenho um bom coração. O que devemos fazer com a dor e os sentimentos que cada um de nós tem e que carrega na vida? Depois de muita reflexão, posso dizer que tenho problemas, dores e feridas, assim como muitas outras pessoas têm, mas hoje acredito que nada dura para sempre e que, às vezes, coisas acontecem nas nossas vidas. Estas provações servem para o nosso crescimento.

Como diz João 16:33: "Neste mundo, encontrarão aflições". Mas o versículo não pára por aí, pois a seguir diz: "Animem-se, eu (Jesus) venci o mundo."

Quero viver a minha vida em paz e não apenas para agradar os outros. Por isso, vivo a vida (com Jesus no centro) à minha maneira. Aceitar-me a mim própria como eu sou ajuda a diminuir a realidade da dor da vida. As minhas batalhas levam-me a desfrutar os bons momentos e a aprender com a vida. Viva a vida enquanto pode (ao máximo), pois um dia destes a cortina vai-se fechar pela última vez!

Assim, deixo-lhe esta mensagem: em tempos de guerra, nunca pare de orar. Não olhe para o quão longe os seus alvos parecem estar, nem dê ouvidos a pessoas que não tiveram a força para lutar por um alvo e que não acreditam que é possível alcançar tudo o que sonharam. Seja corajoso e diga "EU CONSIGO", mesmo antes de começar, e depois de começar não pare por nada neste mundo.

Escreva uma palavra a cada dia, e no final um livro estará escrito, o livro da sua vida. Na capa vai estar escrito: EU VENÇI!

Mesmo quando nos sentimos sós e perdidos, Jesus está connosco, Ele mostra-nos a direção certa para seguirmos, e o melhor caminho (Jesus é o Caminho)! Somos pessoas vitoriosas pelo simples facto de estarmos vivos, e por recebermos a cada dia uma nova oportunidade para conquistar algo novo, e tentarmos também melhorar em todos os aspetos.

Estou tão grata por todas as vitórias que já alcancei na minha vida, das mais difíceis às mais simples, por tudo o que conseguimos alcançar a cada dia. Com cada vitória, sinto-me mais viva, mais abençoada, mais amada e ainda mais protegida. Com cada vitória, estou certa de que as próximas batalhas também serão vencidas.

O medo já não é um obstáculo, e conhecer Deus deixa-me muito grata! Não foi fácil, mas valeu a pena. Agradeço ao meu Deus por mais uma vitória alcançada!

Em Filipenses 3:12-13, a Bíblia diz: "Não que eu já tenha obtido tudo isso ou tenha sido aperfeiçoado, mas prossigo para alcançá-lo, pois para isso também fui alcançado por Cristo Jesus. Irmãos, não penso que eu mesmo já o tenha alcançado, mas uma coisa faço: esquecendo-me das coisas que ficaram para trás e avançando para as que estão adiante."

É com grande alegria que agradeço a Deus por tudo o que consegui até hoje na minha vida. Reconheço o meu esforço e reconheço as minhas falhas, porque sei que nenhuma delas foi grande o suficiente para me fazer desistir. Pelo contrário, os meus erros ajudaram-me a crescer.

Muito obrigada, meu Deus, por tudo o que tens feito na minha vida. E todas aquelas coisas que não me trouxeram alegria fazem-me lembrar que TU venceste na cruz e que Tu és o prémio.

Quero agradecer a todos os que me ajudaram direta ou indiretamente nesta jornada. Foram muitos os desafios que tive de enfrentar.

Agradeço também à minha família por estar sempre ao meu lado, a apoiar-me nos bons e maus momentos. Obrigada... Com muito amor,

Hilda Francisco

Hilda e as suas duas filhas

Graduação da Universidade

CAPÍTULO 13

A história de Jimia Guite

O MEU NOME é Jimia Guite. Eu tenho uma irmã (Nucha Guite) e um irmão (Frenk Guite).

Nasci em setembro de 1999. Tínhamos uma família linda, mas três meses depois, em dezembro, o meu pai faleceu. Eu era apenas uma bebé e não percebia nada do que se estava a passar. Tenho a certeza de que foi um Natal terrível para a minha família. Quatro anos depois, quando a minha família ainda estava a tentar recuperar, a minha mãe morreu. Foi então que a minha vida, e a dos meus irmãos, se tornou caótica.

O meu pai tinha duas famílias. Quando a minha mãe morreu, a minha tia cuidou de nós. Depois, fomos despejados, porque a minha madrasta (a outra mulher do meu pai) dizia que a casa lhe pertencia. Não tínhamos onde viver, porque a tia que cuidava de nós não tinha casa própria. Fomos viver com a minha avó.

A minha avó era muito, muito pobre. Dependíamos dela para simplesmente sobreviver. Meses depois, ela ouviu falar acerca de um lugar que ajudava crianças com diversas dificuldades e levou-nos até lá. Esse lugar era o Iris Global em Zimpeto. Cheguei lá com o meu irmão e a minha irmã, e lembro-me que chorei muito porque a minha irmã e eu não podíamos dormir no mesmo quarto, pois não éramos da mesma idade!

Mas eles acolheram-nos e foi lá que crescemos. Entretanto, o meu irmão foi transferido para outro centro, o Iris Global em Machava. Quando a minha irmã fez quinze anos, foi viver com um pastor (Nico e a sua esposa Laurinda), que tinham um grande coração para ajudar os outros. Eu fui criada na base em Zimpeto, onde continuei a estudar.

Lá aconteceu algo muito bonito: aceitei Jesus como meu Senhor e Salvador e fui batizada.

Quando estava no II.º ano, fui reintegrada (reunida de volta à família) e fui viver na casa da minha tia que tinha cuidado de nós quando éramos pequenos. Continuei a estudar e terminei o ensino secundário. Não foi fácil mudar de casa em casa, mas Deus fez-me perceber que, independentemente das circunstâncias, Ele estaria sempre comigo!

A minha família não podia financiar os meus estudos. Na altura, eu não fazia ideia da surpresa boa que estava para acontecer: foi-me dito que o Iris Global iria pagar pela minha educação universitária. Este foi um dos melhores milagres da minha vida. Estou no final desta jornada académica e tenho estado a estudar Contabilidade e Auditoria na Universidade de São Tomás, em Moçambique.

Estes quatro anos não foram fáceis para mim. Tive de trabalhar arduamente para obter boas notas e bons resultados. Em 2020, durante a época do COVID-19, o meu tio, que era quem providenciava tudo em casa, perdeu o emprego. Eu não estava a trabalhar por causa da pandemia. Era difícil ter comida, pois não tínhamos dinheiro a entrar em casa. Aquela época foi horrível.

Às vezes, eu saía para um campo de futebol perto de casa só para poder gritar; não sabíamos a quem pedir ajuda. As pessoas que pensávamos que nos iriam ajudar não o fizeram. Tudo o que tínhamos era Deus.

Continuei a estudar, mas, por causa da pandemia, tudo era através do Zoom. Às vezes, não conseguia assistir às aulas porque não tinha dinheiro para pagar a internet. No entanto, Jesus não nos abandonou e sobrevivemos a essa tempestade.

No ano passado, 2023, foi um ano muito difícil para mim. Acho que Deus me estava a testar, porque nada do que eu queria estava a acontecer. Queria acabar o meu projeto final, mas não consegui porque alguém roubou as minhas coisas, incluindo o computador em que eu estava a trabalhar. Quase fui raptada, e fiquei muito zangada com Deus porque parecia que Ele se tinha esquecido de mim. Comecei a fechar o meu coração para Deus, comecei a reclamar e a dizer que tudo me estava a correr mal por culpa Dele. Passei vários meses a culpar a Deus. Eu não entendia que tudo tem o seu propósito.

Continuei a falar com Deus, apesar de sentir que Ele não me estava a ouvir. Parecia que já não sentia a Sua presença, mas, no entanto, continuei a buscá-Lo, porque a Palavra diz que mesmo em silêncio, o Senhor está a trabalhar!

Agora estou a trabalhar e a terminar o meu projeto final. Por falar em sonhos, nestes últimos anos, Deus tem colocado no meu coração o trabalho de missões, embora esses sonhos me pareçam impossíveis de alcançar. Mas eu sei que o que parece impossível aos olhos dos homens é possível aos olhos de Deus, porque nada é impossível para Ele!

Amo as crianças do Zimpeto e tenho ajudado num dos dormitórios, no dos rapazes de 10 a 12 anos. Estou também a supervisionar a área da Hospitalidade, que recebe várias centenas de visitantes por ano, de todo o mundo. Por isso, espero conseguir realizar os sonhos que Deus colocou no meu coração.

Lembro-me sempre deste versículo: "Porque sou eu que conheço os planos que tenho para vocês', diz o Senhor, 'planos de fazê-los prosperar e não de lhes causar dano, planos de dar-lhes esperança e um futuro." (Jeremias 29:11)

Jimia quando era criança

Jimia com as suas amigas Hilda e Aniceta

CAPÍTULO 14

A história de Joaneta Zitha

O MEU NOME é Joaneta Agostinho Zitha e nasci no dia 13 de Novembro de 1998.

Eu vim para o Ministério Iris (chamado agora Iris Global) com o meu irmão Luís no ano 2000. Ele tinha seis meses e eu tinha um ano e seis meses. O Luís e eu viemos para o Ministério Iris principalmente porque eu perdi a minha mãe biológica. O meu pai biológico não tinha condições para cuidar de nós. Eu também tinha muitas dificuldades em andar. Não tenho nenhumas memórias do tempo antes de vir para o Iris, mas disseram-me que tanto eu como o meu irmão tínhamos tuberculose, a qual foi tratada quando cheguei ao centro do Iris. O meu crescimento também estava atrofiado. Ás vezes pensava na minha mãe e sentia saudades dela, no entanto, eu sabia que ela não tinha boas condições de vida. Aprendi a orar e a agradecer pelas coisas que tínhamos aqui. Também aprendi que não devia ter um bebé numa idade tão jovem como a minha mãe teve.

O Luís e eu vivíamos na casa dos bébés. Fui cuidada com muito amor e carinho, por todas as tias (cuidadoras) que trabalhavam lá na altura. Em 2002 o meu irmão e eu fomos privilegeados ao sermos escolhidos entre as crianças, para vivermos na casa do Papa Steve e Mana Ros e sermos cuidados por eles. Durante um surto de varicela, os bebés mais doentes e vulneráveis foram retirados da casa dos bébés. O Papa Steve e a Mana Ros acolheram 10 crianças em sua casa. Quando o surto de varicela passou, nós continuamos a viver lá até sairmos da base, quando já eramos adolescentes.

O Luís é meu irmão e, como estávamos juntos, eu não me sentia tão sózinha. Sentia também que tinha a responsabilidade de cuidar dele e protegê-lo. O Luís sofre de asma, por isso, às vezes, eu ficava assustada com medo que ele morresse devido à asma. Eu amo-o muito. Mesmo quando ele está longe, continuo a tê-lo no meu coração. Eu oro por ele, e oro que ele não se esqueça de mim, a irmã dele, e que ele siga os seus sonhos e que estes se tornem realidade. Eu sei que, se ele estiver feliz, eu também vou estar feliz.

A primeira vez que me lembro de conhecer a minha avó materna foi quando tinha cerca de 11 anos. A família toda veio conhecer o Luís e eu, incluindo as minhas tias e tios.

Fiquei feliz por conhecer a minha família biológica e aprender um pouco sobre a minha mãe. Aparentemente, ela faleceu quando tinha 16 anos, o que significa que ela era muito jovem quando ficou grávida de mim. O meu pai era apenas alguns anos mais velho do que ela. Quando a minha mãe faleceu, a minha avó entregou o Luís e eu ao meu pai. No entanto, ele não conseguia cuidar de nós, então a família dele organizou tudo para nos trazer para o centro do Ministério Iris, em Zimpeto. Nessa altura, a minha avó materna não sabia onde estávamos. Ela procurou por nós durante muito tempo até nos encontrar no centro.

Quando éramos pequenos, o Papa Steve e a Mana Ros falavam connosco em inglês para que pudéssemos aprender a língua. Muitas vezes íamos passear à cidade nos nossos aniversários ou íamos à piscina. Estudámos numa boa escola na cidade. Acima de tudo, aprendemos sobre Jesus e a amar-nos uns aos outros. O Papa Steve e a Mana Ros demonstraram sempre o seu amor por nós e por Jesus como seu Senhor e Salvador. Desde então, aconteceram muitas coisas boas e más, mas nunca desisti dos meus sonhos.

Para mim, viver no centro foi um privilégio, porque fui bem cuidada e tive a oportunidade de ir à escola e de ir a outros lugares como a piscina, restaurantes, museus e cinema. Pude ver como é a vida lá fora. Conheci muitas pessoas de outras partes do mundo que vieram para nos abençoar, como a Pastora Kathy da Austrália. Sempre tivemos comida e presentes especiais no dia 1 de Junho (que é o Dia da Criança) e no Natal.

Muitas vezes nos divertimos imenso na piscina com as tias e os nossos outros irmãos. Lembro-me de comermos lasanha, pizza e outras comidas boas. Aprendemos a poupar o nosso dinheiro, embora eu não tenha poupado muito.

Frequentei a escola no centro e terminei o 12.º ano.

Casei-me com o meu marido Inácio em 2018 na igreja de Zimpeto, e temos dois filhos: uma menina que agora (em 2024) tem sete anos e frequenta a 2.ª classe na escola do Iris Global, e um menino de dois anos.

Depois do nosso casamento, o Ministério deu-nos uma das suas casas para vivermos perto do centro. Esta casa tem sido uma bênção para mim e para a minha família. Em 2021, ofereceram-me um trabalho no centro para ajudar as meninas na área das raparigas.

Fui ajudada por outras pessoas e agradeço a Deus pela vida, e por Ele ter feito milagres na minha vida. A minha família traz-me muita alegria. Se não fosse Jesus, eu não estaria viva hoje. Deus curou-me e deu-me saúde, e uma voz que uso para O glorificar na igreja, onde faço parte do grupo de louvor e adoração. Louvo a Deus onde quer que vá.

Estou grata pela vida do Papa Steve e da Mana Ros por todo o apoio que me deram desde pequena até hoje. Eles nunca desistiram de mim.

No futuro, gostaria de fazer formação para ser enfermeira ou médica. A Mana Ros é enfermeira e ela é a minha inspiração.

Obrigada, Heidi e Rolland Baker, por ouvirem a voz de Deus e por pensarem nas crianças carenciadas deste país. Que Deus continue a abençoar ricamente e abundantemente as vossas vidas.

Obrigada, Iris Global Zimpeto!

Joaneta a crescer

Com o marido Inácio e filhos

Joaneta com o Papa Steve e Mana Ros

Com a sua Avó Madelina

CAPÍTULO 15

A história de João Vasco Novela

O MEU NOME é João Vasco Novela. Venho de um contexto muito pobre e tenho dois irmãos mais velhos.

Um dia, o meu pai estava fora a trabalhar e, quando voltou, disseram-lhe: "A sua esposa teve um bebé." Ele perguntou: "Que tipo de bebé?" Disseram-lhe que era um menino. Ele respondeu: "Mais um menino?" Cuspiu e foi-se embora. Na mente e no coração dele, ele realmente queria uma rapariga, por isso o facto de eu ser um menino não lhe agradou. Decidiu abandonar a casa e deixou-nos a todos sozinhos.

Vivíamos numa casa alugada e, quando ele saiu, a minha mãe não conseguiu pagar o aluguer. Por isso, tivemos de deixar essa casa e começámos a viver em várias outras. A minha mãe teve de fazer muitos trabalhos de limpeza para conseguirmos um lugar para viver e um pouco de pão para nos alimentar. Não foi fácil. Ela também tinha problemas com o álcool. Esse problema foi agravando-se até fugir ao controlo. Isso tornou a nossa vida muito, muito difícil, a ponto de o meu irmão decidir sair e tentar encontrar um emprego a vender plástico para nos conseguir alimentar.

Pela graça de Deus, fui crescendo, mas tudo se tornou cada vez mais difícil. O meu irmão teve uma ideia: queria tentar encontrar um orfanato onde pudessem cuidar de mim e onde eu tivesse acesso à escola. Ele ouviu falar do Ministério Iris e toda a família decidiu que era uma boa ideia levar-me para lá. Quando chegámos, fui apresentado à Mamã Heidi por outros rapazes. Eles disseram-me que aquele era o meu novo lar. Era um lugar lindo e havia tantas pessoas, mas infelizmente não funcionou para mim. Apesar de vir de uma situação de fome, comecei a sentir ódio e rejeição. Para mim, o facto de me terem tirado de casa e levado para um lugar onde havia 300 pessoas estranhas não era amor. Havia trezentas outras crianças, e a maioria vinha das ruas. Eu não conseguia entender e não me sentia seguro ali.

A Mamã Heidi recebeu-me. Ela deu-me o meu primeiro banho, após meses sem ter tomado banho, e disse-me: "Bem-vindo a casa! Você é muito amado." Mas a minha cabeça estava num turbilhão e eu não conseguia entender. Apenas queria fugir daquele lugar. Queria ir para casa, embora não soubesse o caminho. Isso começou a despertar um espírito de raiva em mim. Sentia-me tão rejeitado. Embora houvesse muitas pessoas à minha volta a tentar ser simpáticas e a dizer palavras gentis, a tentar amar-me, nada funcionava. Isso apenas fez com que eu crescesse com mais raiva no coração e, devido a essa raiva, só queria magoar toda a gente. Estava a magoar-me por dentro e queria magoar todos à minha volta. Sempre que uma criança tentava aproximar-se de mim, eu só queria pegar em qualquer coisa que encontrasse por perto — uma pedra ou um pau — para lhe bater. Queria que eles sentissem o que eu sentia dentro do meu coração. Eu estava magoado, sentia-me sózinho.

No Zimpeto, tínhamos de ir à igreja três ou quatro vezes por semana. Nunca lá tinha ido antes. Havia instrumentos, todos estavam a louvar, a adorar e a dançar. Riam e estavam cheios de alegria. Eu não conseguia entender nada e sentia-me perdido naquele lugar. Comecei a dizer a mim mesmo: "O que se passa com estas pessoas? Por que é que estão a rir? Por que é que estão tão alegres? Eu vivo neste mesmo lugar, mas não tenho essa alegria." Todas as crianças estavam felizes, corriam e brincavam, enquanto eu me sentava num canto a observar. Literalmente dizia a mim mesmo: "Estas devem ser as pessoas mais loucas do planeta." E realmente eram. Eram loucas por Jesus, loucas pelo Espírito Santo, mas eu não conseguia entender. Sempre que ia à igreja, ficava no meu canto a observar toda a gente. Todos podiam ver que eu estava triste e sózinho, apesar do Espírito Santo e de muitas pessoas amigas estarem presentes.

Um dia, o Pastor José aproximou-se de mim, sentou-se comigo e perguntou: "Estás bem?" Eu disse que estava bem. Ele perguntou: "Por que é que não estás a dançar?" Eu respondi: "Não quero dançar, estou bem assim." Depois do domingo e da quinta-feira seguinte, comecei a reparar que o Pastor José estava sempre a olhar para mim e não me deixava em paz. Ele continuava a vir e a perguntar-me: "Não queres dançar? Não queres alegrar-te?" Então, pegou na minha mão e levou-me para onde todos estavam a dançar. Ele começou a dançar e eu dancei com ele, mas só para que me deixasse em paz. Eu não estava a participar de verdade e não conseguia encaixar-me naquele ambiente.

O tempo foi passando. Naquela altura, tínhamos muitos visitantes que geralmente vinham por duas ou três semanas. Todos esses visitantes podiam ver que eu estava triste e sózinho. Convidavam-me a participar e tentaram falar comigo, diziam-me palavras simpáticas, mas nada funcionava. Eu não conseguia entender uma palavra do que diziam. Eu não falava inglês, o que só tornava as coisas piores. Tentaram amar-me, mas eu estava muito fechado e bloqueado. Não conseguia receber amor, nem dar amor.

Houve uma equipa que veio da Califórnia e todos os dias vinham ter comigo. Levavam-me a passear e tentavam dizer-me todas aquelas palavras simpáticas, mas eu ainda não conseguia entender nada. Chamaram alguns rapazes para virem traduzir para mim. Insistiram que eu deveria envolver-me com as outras crianças, brincar e receber aquela "alegria", e continuavam a falar-me sobre Jesus. Eu estava tão farto daquilo que cometi o melhor erro de sempre: desafiei Deus. Eu tinha apenas oito anos, mas disse: "Deus, se Tu existes, por favor ajuda-me a entender o que estas pessoas brancas estão a tentar dizer-me." E foi aí que comecei a abrir o caminho para que o Espírito Santo pudesse trabalhar dentro de mim.

Após uma semana, já conseguia entender um pouco. Um mês depois, já conseguia manter uma conversa. Pensei comigo mesmo: "Uau! Como é que isto é possível?" Demorou-me vários meses para aprender o português, a minha segunda língua na escola. Eu estava a entender o inglês mais rápido do que o português. Comecei a tentar falar inglês com os visitantes e eles deram-me um dicionário. Naquela altura, eu não conseguia ler e esse era outro problema. Guardei o dicionário e fui aprendendo a falar com eles.

Num certo dia, uns meses depois, ouvi dizer que o Charles, o tradutor da igreja, estava doente.

Lembro-me do Papa Steve vir ter comigo e dizer: "João, podias traduzir para nós esta quinta-feira? Temos muitos visitantes e o tradutor não se sente bem." Respondi imediatamente e sem hesitar: "Não. Eu não falo inglês e não consigo traduzir." O Papa Steve disse: "O pouco inglês que falas vai ajudar-nos esta noite." Eu disse: "Não há maneira de eu fazer isso." Então, o Papa Steve pediu-me para ir ao meu dormitório orar e, depois, voltar a falar com ele quando a sirene tocasse, para irmos todos para a igreja. Respondi-lhe que sim, embora, no fundo do meu coração, ainda estivesse a dizer: "NÃO!" Mas decidi respeitá-lo.

Fui para o meu quarto e comecei a orar. Não sei se o Espírito Santo estava ausente, porque saí daquele quarto ainda com um grande "NÃO" no meu coração. Eu não ia traduzir naquela noite!

A sirene tocou — estava na hora de ir para a igreja. Quando lá cheguei, tentei esconder-me. O Papa Steve andava à minha procura por todo o lado. Encontrou-me e disse: "Estás pronto?" Dei-lhe outro grande "NÃO!"

O culto começou e, de repente, o Papa Steve agarrou no microfone e chamou-me. Oh, não! Eu só queria que um grande buraco se abrisse para me esconder. Queria desaparecer. Mas, mais uma vez, decidi respeitá-lo e caminhei até ele. Ele deu-me o microfone e disse que ia falar em português, mas que aquelas pessoas não iriam entender português. Ele disse: "Diz qualquer coisa em inglês! Eles vão ficar entusiasmados!"

Assim, o Papa Steve começou a falar em português, e eu traduzi para inglês. Às vezes, ele passava do português para o inglês, e eu continuava a traduzir. Apenas abri a boca e as palavras começaram a fluir. Eu não entendia uma única palavra do que estava a dizer, mas, louvado seja Deus, as pessoas entenderam.

Após o culto, o Papa Steve disse: "Muito bem!" E todos vieram a correr para me abraçar, dizendo que eu tinha feito um ótimo trabalho. Eu ainda não sabia o que tinha acontecido, nem o que tinha dito.

Passei dois dias a orar no meu quarto. Após cada refeição, lá estava eu, de volta à oração. Não saía do quarto, ficava apenas sentado a dizer: "Deus, obrigado."

Desde esse dia, tenho utilizado o meu dom da língua inglesa para traduzir no Reino, em cultos da igreja e conferências. E é isso que ainda faço hoje.

Foi tudo bonito, mas eu ainda tinha um problema. Não conseguia lidar comigo mesmo: a raiva e o ódio que sentia no coração dificultavam a minha vida. Um dia, decidi que precisava de perdoar o meu pai. Sentia ódio por ele e também raiva. Sentia que tudo tinha corrido mal porque ele me tinha abandonado. Quando soube que ele me tinha deixado quando nasci, só porque eu era um rapaz, magoou-me ainda mais. Eu não escolhi nascer rapaz. Nem sequer escolhi nascer. Tudo estava no plano de Deus e nos Seus desígnios.

Tentei perdoar o meu pai com as minhas próprias forças. Tentei e orei, mas não estava a funcionar. A raiva era profunda demais. Então, disse: "Senhor, ajuda-me."

Lembro-me de Deus ter respondido: "João, perdoar o que o teu pai fez não é a tua responsabilidade." Ele disse-me: "Tens de te perdoar a ti próprio por teres escolhido manter a raiva contra ele. O teu pai é meu filho — ele não é a tua responsabilidade, deixa-Me lidar com ele."

Eu disse: "Senhor, isto magoa. O que ele fez não foi correto." Ele respondeu-me:

"Sim, mas a tua missão não é julgá-lo. Eu amo-o mais do que consegues entender." Eu disse: "Mas Deus, como? Como é que isso pode ser? Como podes amá-lo quando ele me rejeitou e nos deixou passar por tanto sofrimento?" Deus disse-me: "O teu pai é Meu filho e Eu amo-o muito. A tua missão é perdoares-te a ti próprio. Eu lido com ele, e ele será responsabilizado. Liberta-te e ganha a tua liberdade."

Caí de rosto em terra e disse que não conseguia. Eu não conseguia perdoá-lo e não sabia como fazê-lo. E Deus disse-me: "Isso é o que Eu precisava ouvir. Eu sei que consegues perdoar, mas também sei que não sabes como perdoá-lo. Será que podes deixar-Me tomar conta desta situação? Pára de Me servir com um coração vazio.

Pára de Me servir com um coração magoado. E pára de tentar amar-Me com um coração vazio e ferido. Será que podes caminhar comigo neste caminho para o perdão? Estamos a falar da tua vida. Pára de te preocupar com os outros e preocupa-te agora com a tua vida. João, Eu quero lidar contigo, quero amar-te e perdoar-te. Pára de tentar libertar os outros enquanto tu próprio ainda estás dentro da prisão."

Comecei a caminhar com o Senhor nesta missão de perdoar. Deixe-me dizer-lhe isto: é mais fácil quando temos de lidar com os problemas de outra pessoa, mas quando temos de lidar connosco próprios é mais difícil. Tive de ser honesto comigo mesmo e trazer cá para fora tudo aquilo que era imundo e mau. Lidar com tudo isso não foi uma jornada fácil. Mas eu fiz essa jornada, passo a passo, e dia após dia.

A certa altura, comecei a sentir paz bem no fundo do meu coração e da minha alma. Finalmente, tinha sido libertado da prisão da amargura contra o meu próprio pai. Compreendi que ele também merecia ser perdoado e amado. (Lá estava eu, a lutar para perdoar alguém cuja face eu nem sequer conhecia!) Tudo isto ajudou-me a entender Deus como Pai, pois sempre tive dificuldades nessa área. Eu tinha recebido Deus como o Todo-Poderoso, mas não como um Pai amoroso, porque tinha a imagem errada do que era um pai.

Durante muitos anos, eu não queria sequer ter um pai ou ser pai. Não tinha uma boa imagem do que era uma boa mãe, mas era mil vezes melhor do que a imagem que eu tinha do que era um Pai. Deus ajudou-me a restaurar essa imagem e a compreender a importância disso.

Quando fui para o Iris, os meus irmãos foram para a África do Sul à procura de uma vida melhor. Desde o dia em que nos separámos, nunca mais nos vimos. Oro sinceramente para que, um dia, possamos reencontrar-nos. Oro por esse dia de encontro com os meus irmãos e com o meu pai, seja aqui na Terra ou no Céu.

Quando os encontrar, vou dizer-lhes que estou vivo. Estou vivo por causa de Jesus!

Se eles ainda não percorreram a jornada do perdão, eu quero ajudá-los. Quero que andem em liberdade e amor, e quero dizer-lhes que os amo.

Este caminho do perdão ajudou-me enquanto crescia no Iris. Ajudou-me a ser um bom irmão para as crianças que vinham das ruas e para os meninos órfãos. Como a Mamã Heidi sempre pregava, eu já não era um órfão. Eu tinha um Papá. Eu tinha um Pai, e o meu Pai era Deus, que me amava todos os dias e todas as noites, e que sempre se preocupou comigo.

Continuei a crescer, a ir à igreja, a fazer boas ações e a servir a Deus, e um dia perguntei-Lhe: "Como é que eu posso retribuir-Te? Como é que posso retribuir a Tua bondade e amor?" Descobri que nunca iria ter palavras suficientes para agradecer a Deus. A única maneira de Lhe agradecer era fazer o mesmo pelos outros. Eu tinha de parar e ajudar outros, assim como alguém parou por mim e me ajudou. Tinha de amar incondicionalmente, assim como alguém me amou incondicionalmente. Tinha de perdoar os outros como Deus me perdoou a mim.

Comecei um projeto onde treinamos jovens para aprenderem ofícios práticos. Somos um centro de formação onde ensinamos marcenaria, soldadura, costura e eletricidade.

Isto foi possível porque Deus parou por mim e me ajudou. A Mamã Heidi parou por mim, o Papa Steve parou por mim, a Mana Ros parou por mim — e eles ajudaram-me. Estas pessoas semearam uma semente de amor na minha vida. Hoje estou a tentar continuar e seguir o grande exemplo deles.

Quero aproveitar esta oportunidade para agradecer ao Papa Steve e à Mana Ros: muito, muito obrigado por nunca terem desistido de mim, e por terem demonstrado amor e bondade sem limites para comigo. Hoje sou o homem que sou porque vocês pararam por mim, e porque vocês me amaram.

Nunca deixem de orar por mim. O desejo do meu coração é retribuir, continuar a corrida e ajudar os meus irmãos a aprenderem ofícios práticos, para que possam sustentar as suas famílias e contribuir para o crescimento de Moçambique.

À Mamã Heidi, ao Papá Rolland, ao Papá Steve e à Mana Ros: Devo dizer que Moçambique não seria o mesmo sem o vosso amor. Esta nação estará para sempre agradecida a vocês. Continuem! Sei que, por vezes, pode parecer que todo este trabalho é somente uma gota no oceano e que não faz grande diferença, mas quero que saibam que estão a ter um grande impacto nesta nação.

Nós estudamos por causa de vocês. Nós formamos pessoas por causa de vocês. Estou na universidade porque vocês pararam por mim e me ajudaram. Estou a aprender Relações Internacionais e Direito Internacional para poder defender os outros e tornar Moçambique um lugar melhor. E tudo isto aconteceu porque vocês oraram, noite e dia, para que Deus tocasse vidas. Vocês deram-nos acesso à escola e aos nossos próprios lares.

Ontem eu era uma criança, hoje sou um homem. Hoje sou pai e estou casado. Posso ser um exemplo e uma testemunha para os outros. Com Deus, tudo é possível. Encorajo os meus irmãos e digo: não desistam. Ainda há esperança, a menos que desistam. Ainda há um amanhã melhor.

Agradeço a Deus, acima de tudo, pela vida de todas as pessoas, em todo o mundo, que enviam donativos e oram pelo povo de Moçambique. Vejo Deus no Céu, de braços abertos e com uma coroa de glória à espera de todas as pessoas maravilhosas que apoiam ministérios por todo o mundo. Deus está a dizer: "Muito bem, meus servos fiéis". Há uma coroa para quem se envolve num ministério que ajuda a melhorar a vida dos jovens, a melhorar a vida das pessoas em todo o mundo. Vocês são amados por Deus por serem as Suas mãos e os Seus pés. Irei sempre agradecer a Deus por vocês.

Amo-vos. Sejam abençoados.

João e família

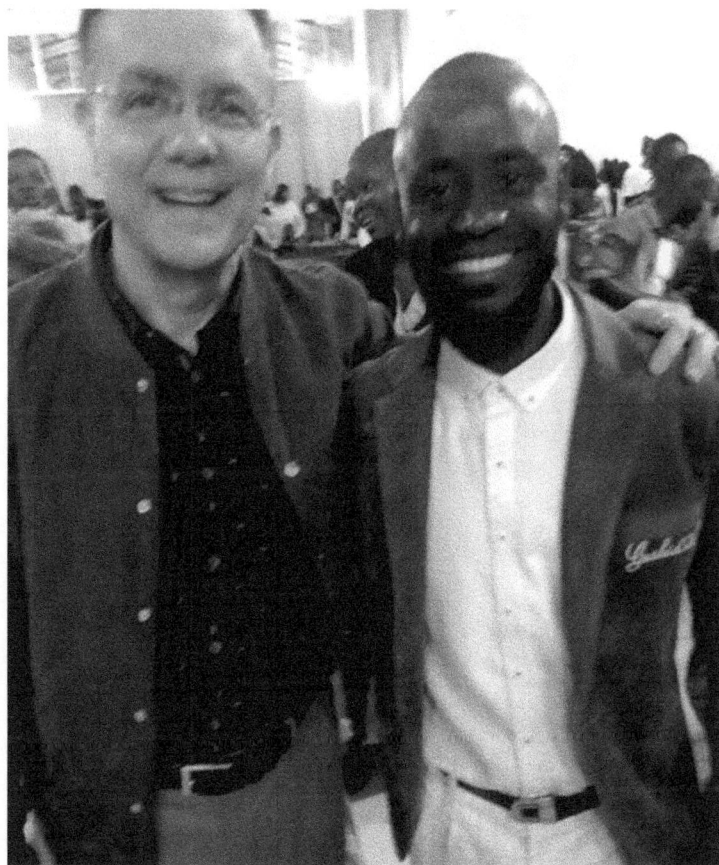

João com o Pastor Luís Cabral

CAPÍTULO 16

A história de Mónica Machel

O MEU NOME é Mónica Machel. Eu sou moçambicana. Nasci em Maputo no ano 2000 no distrito de Kamubukwana.

A minha história começou quando os meus pais se casaram. Tiveram-me a mim e aos meus irmãos — um total de três filhos. Éramos uma família muito feliz e harmoniosa. Mas a alegria dos meus pais foi breve e durou apenas alguns anos. Em 2003, quando eu tinha apenas três anos, começou a fase mais difícil da minha vida. A minha mãe começou a adoecer (problemas de saúde mental), o que a afastou de mim, da sua família e dos amigos que a acompanhavam na sua jornada.

A minha caminhada, e a da minha família, não foi nada fácil, e houve momentos muito difíceis. Lembro-me de viver nas ruas com a nossa mãe — as ruas tornaram-se a nossa casa, e assim íamos sobrevivendo. Ela pedia esmola e aceitava comida de estranhos, entre outras coisas.

Com o passar do tempo, a minha mãe teve de enfrentar a dura realidade de viver nas ruas connosco. Muitas vezes, não havia comida suficiente e as noites eram frias e assustadoras. Lembro-me de chegarmos a dormir no mato, porque, para ela, essa era a melhor forma de nos proteger. Mas, apesar dos problemas de saúde mental, ela nunca permitiu que isso apagasse a esperança no coração dos seus filhos. Embora enfrentasse desafios diariamente, ela esforçava-se sempre por dar o seu melhor por nós, mesmo estando doente. Nunca se esqueceu dos filhos, independentemente do estado em que se encontrava. A nossa avó materna sempre foi uma mulher forte, mas o seu coração andava pesado de preocupação por nós. A vida dela não era fácil, pois a nossa mãe tinha problemas de saúde mental e ela preocupava-se em como melhorar a situação. A nossa avó tentou cuidar de nós, mas a minha mãe veio atrás de nós e levou-nos novamente para as ruas — o que não era bom para nós. Mas, devido à persistência e ao amor incondicional da nossa avó, ela nunca desistiu.

Em 2004, após muita pesquisa, encontrou um centro que oferecia refúgio e apoio a pessoas em situações vulneráveis. E foi assim que eu e o meu irmão Silávio Pedro fomos recebidos no centro em Zimpeto. (Nós não sabíamos onde estava o nosso outro irmão, mas sabíamos que estava com a nossa tia.) Lembro-me de ter sido recebida de braços abertos pela equipa de Zimpeto. Primeiro vivi na casa dos bebés, destinada a crianças desde o nascimento até aos quatro anos de idade, e lá fiz amizades para a vida.

Em 2006, fui transferida para o dormitório das raparigas. Aprendi lá muitas coisas e fiz amigas incríveis, como a Marta e a Hilda. Também conheci as missionárias (Anna, Esther, Fiona, Natasha, Rachel e Tracey), que tiveram um impacto muito positivo na minha vida e me deram muito carinho ao longo da minha caminhada.

Durante os anos em que estivemos no orfanato, a nossa avó nunca deixou de nos visitar, assim como outros membros da família, que estavam sempre lá para nos apoiar. Ela também fez o melhor que pôde para cuidar da nossa mãe, que sofria da doença há muitos anos, mas a situação estava a tornar-se cada vez mais difícil.

Em 2007, as coisas pioraram para a nossa avó. Ela teve de enfrentar o maior desafio da sua vida quando perdeu duas das suas filhas (as nossas tias) devido a doenças. Em 2014, a minha mãe e o meu tio, filho da nossa avó, também faleceram, ambos devido a doenças.

Foi uma dor muito grande, porque desde que me separei dela em 2004, nunca mais a vi. A minha avó, que teve seis filhos, ficou apenas com duas filhas.

Em 2007, comecei a estudar no 1.º ciclo, onde conheci a professora Rosa, que infelizmente já não está entre nós. Ela ensinou-me a ler e escrever bem, e foi uma das primeiras fontes de inspiração e motivação na minha vida escolar. Frequentei muitas aulas sem faltar, e tenho muitos detalhes para partilhar sobre esse tempo, mas vou apenas mencionar os momentos mais importantes do meu percurso escolar.

Em 2014, fui uma das melhores alunas da escola, devido à minha participação, esforço, empenho e dedicação. Em 2017, estudei Arte e ganhei o 1.º lugar — o meu desenho foi considerado um dos melhores da escola. Em 2018, fui eleita a melhor aluna do Ministério Arco-Íris.

Em 2017, entrei para o grupo de louvor da Igreja Comunhão da Colheita, onde sirvo até hoje. Em 2018, também comecei a servir como professora na escola dominical. Ensinamos as crianças sobre os mandamentos de Deus, e sobre como buscar, em primeiro lugar, o Reino de Deus e a Sua justiça, para que tudo o resto nos seja acrescentado. Assim, podemos encontrar a verdadeira paz, propósito e plenitude nas nossas vidas.

Nesse mesmo ano, ajudaram-me a ir viver novamente com a minha avó. Hoje vivo com ela e com o meu irmão, e tem sido uma experiência muito agradável.

Em 2019, graças ao Papá Steven, à Mana Rose e a outros líderes que me encorajaram ao longo do meu percurso académico, tive a oportunidade de me formar na área de Engenharia Civil.

Sou estudante da Universidade Wutivi (UniTIVA) e estou na Faculdade de Engenharia, Arquitectura e Planeamento Físico, no curso de Engenharia Civil. Já completei os quatro anos da licenciatura. Estou a preparar a minha tese para me graduar em breve e obter o meu diploma na área de Engenharia Civil.

No que diz respeito ao âmbito profissional, já tive a oportunidade de aplicar alguns dos conhecimentos adquiridos ao longo da minha carreira académica. Participei num estágio na Universidade Wutivi, onde tive a responsabilidade de administrar um laboratório de Engenharia Mecânica na instituição.

Além disso, participei noutros estágios em empresas privadas, e posso afirmar que estou motivada para dar sempre o meu melhor em cada desafio que surgir na minha vida.

O meu versículo favorito da Bíblia encontra-se em Efésios 6:11-12, que nos ensina a revestirmo-nos de toda a armadura de Deus, para que possamos permanecer firmes contra as ciladas do Diabo.

Este versículo também nos recorda que a nossa luta não é contra carne e sangue, mas contra os principados, contra as potestades, contra os poderes deste mundo tenebroso, contra as forças espirituais do mal nas regiões celestiais.

Gostaria de agradecer a Deus por tudo — por me ter ajudado até aqui, e por me dar força todos os dias.

Mónica quando era criança

Mónica no trabalho (a terceira da esquerda)

Aniceta e Mónica

CAPÍTULO 17

A história de Nhelety Mandlate

O LÁ! O MEU nome é Nhelety Francisco Mandlate. Nasci em 2006. Eu estou a frequentar o primeiro ano do curso de Engenharia Civil na universidade.

A minha história começou em 2011, quando tinha cinco anos e entrei na base do Ministério Iris, em Zimpeto. Antes disso, vivi na creche do orfanato Primeiro de Maio, mas não tenho muitas memórias de como cheguei até lá, pois era demasiado pequena para entender a situação. O que sei é que esses primeiros anos foram marcados por muitas mudanças e desafios, que moldaram o meu carácter desde cedo.

Crescer no Zimpeto foi uma experiência profundamente transformadora. Foi lá que conheci Deus e comecei a desenvolver uma relação pessoal e profunda com Ele. Encontrei uma comunidade acolhedora, que me apoiou e guiou em cada passo do meu crescimento. Descobri os meus talentos e capacidades e, desde cedo, esforcei-me por ser uma boa aluna e uma pessoa íntegra, apesar dos erros normais da infância. Os educadores (cuidadores das crianças nos dormitórios) proporcionaram-me uma excelente formação — não só a nível académico, mas também moral e espiritual. Estudei lá até ao 10.º ano. Aprendi valores importantes que levo comigo até hoje, como a honestidade, a responsabilidade e o amor ao próximo.

Durante todo esse tempo, nas minhas orações diárias, pedi a Deus que me abençoasse com uma família. Este era um desejo profundo do meu coração e sabia que só se tornaria realidade no momento certo. Por isso, procurei sempre respeitar o processo e confiar no plano de Deus para a minha vida. Em novembro de 2021, recebi uma notícia que mudou completamente a minha vida: surgiu a oportunidade de ser integrada numa família. Esse momento foi um verdadeiro milagre para mim — algo que nunca esquecerei.

Hoje, graças a Deus, faço parte de uma família que me acolheu de braços abertos como um membro querido. Esta experiência tem sido uma grande bênção na minha vida. Estou muito feliz e imensamente grata por tudo o que aconteceu. Continuo a estudar com dedicação na universidade e a seguir os meus sonhos, sabendo que Deus sempre esteve, e estará, ao meu lado, guiando os meus passos. O apoio da minha nova família tem sido crucial para eu me poder dedicar plenamente aos estudos e alcançar os meus objetivos.

A minha gratidão ao Ministério Iris é eterna. Foi lá que encontrei a base sólida que me sustenta até hoje — tanto nos estudos como na minha vida pessoal. O ministério proporcionou-me não só educação, mas também valores e uma fé inabalável em Deus. Tudo o que sou, e tudo o que ainda espero ser, devo ao amor e ao cuidado que recebi durante todos estes anos no Zimpeto.

Embora já esteja a estudar na universidade, lembro-me regularmente das lições e bênçãos que recebi. Estou determinada a retribuir todo esse amor e apoio ajudando os outros e continuando a viver pelos princípios que aprendi. Sei que, com Deus ao meu lado, posso enfrentar qualquer desafio e alcançar qualquer sonho. E é com este espírito de gratidão e fé que enfrento o futuro — pronta para tudo o que ainda está por vir.

Nhelety

CAPÍTULO 18

A história de Rabia Senda

O MEU NOME é Rabia Rene Emílio Ojomodave Senda, filha de Rene Emílio Ojomodave e Maria Armando Mandlate. O apelido Senda vem do meu marido, César Augusto Senda.

Nasci a 19 de abril de 1981, em Chibuto, na província de Gaza, e cresci na cidade de Maputo. Comecei a estudar na Escola Primária do Alto Maé, em 1987.

Perdi a minha mãe quando tinha sete anos. Tinha cinco irmãos e fomos levados pelos nossos avós maternos de volta para Chibuto, para viver com eles durante a guerra civil que durou dezasseis anos. Os nossos avós diziam que o meu pai não tinha pago o dote adequado para casar com a minha mãe e, por isso, nós teríamos de pagar o dote dela.

Foi uma experiência muito triste e difícil — vivíamos desprotegidos e sem qualquer tipo de apoio. Os nossos avós não trabalhavam.

Após dois anos, soubemos que o meu pai tinha falecido devido a uma doença. Não conseguimos estar presentes no funeral, por falta de recursos financeiros. A partir daí, o nosso sofrimento começou: não podíamos ir à escola e já não tínhamos família nem ninguém para nos apoiar. Devido a essa situação, andávamos fugidos de um lugar para outro, comíamos restos do lixo ou pedíamos bolachas às pessoas, só para termos algo para comer.

Algumas pessoas começaram a falar com os nossos avós sobre a possibilidade de trabalharmos como empregados nas casas delas. Foi então que uma senhora me escolheu para ir para Maputo trabalhar na casa dela como criada. Eu tinha doze anos. Em 1992, ela levou-me da província da Gaza, em Chibuto, de volta à cidade de Maputo.

Mas eu tinha um plano: assim que chegasse a Maputo, iria fugir para procurar a casa do meu tio — irmão do meu falecido pai — porque queria continuar os meus estudos.

Na verdade, quando cheguei ao bairro de Benfica, em Maputo, pedi para ir à casa de banho e fugi do camião onde estava. Consegui escapar e chegar à casa do meu tio, no bairro da Malanga, em Maputo. Fui bem recebida por ele e pela sua esposa. Depois de algum tempo, os meus irmãos também vieram viver com o meu tio. No entanto, a minha tia não gostou nada disso e mandou o meu irmão mais velho embora — ele teve de ir viver na rua.

A minha irmã mais velha e eu fomos admitidas no Centro Educacional Chihango, em 1994.

Mais tarde, o meu tio vendeu a casa e mudou-se para o bairro de Laulane, e nós ficámos esquecidas no Centro Chihango. A família já não nos visitava. Só regressámos à casa do meu tio em dezembro, para passar as férias.

Nessa altura, a minha tia expulsou a minha irmã mais velha, e por isso ela foi forçada a aceitar um casamento arranjado.

Em janeiro de 1995, a Heidi Baker chegou ao centro em Chihango, onde eu estava. A Heidi falou-me sobre o amor de Jesus. Mostrou-me o amor de mãe, e a minha história começou a mudar por causa dessa mulher incrível. Ela era uma mãe presente, atenciosa e paciente. Aprendi muito com ela. A Heidi fez-me perceber que eu era amada, que tinha grande valor e era preciosa para o Senhor.

Aprendi a depender de Jesus, porque Ele é o caminho, a verdade e a vida. Comecei a agarrar-me a Jesus, e a minha vida começou a mudar. A Heidi falou-me sobre perdoar os outros e não guardar rancores. Estas palavras ajudaram-me muito.

Nessa altura, vivia como uma princesa. Mas em 1997, o Governo de Moçambique pediu à Heidi e ao Rolland que saíssem de Chihango. Fomos viver para a casa da Heidi, em Malhangalene, onde já viviam sessenta crianças. Esse período foi muito difícil, porque a família da Heidi tinha muito pouco dinheiro. Comprávamos três quilos de farinha de milho para fazer xima e couve para a nossa refeição.

Um dia, a Heidi chamou-me e disse: "Filha, hoje não tenho dinheiro. Não sei o que vamos comer." Fiquei triste e em silêncio. Naquele momento, alguém telefonou à Heidi e disse-lhe para se preparar, pois essa senhora e a sua família estavam a caminho da casa dela para almoçarem. Eu trouxe uma pequena quantidade de feijão e arroz dentro de duas panelas pequenas. A Heidi pegou na comida e disse-me para servir os pratos. Olhei para ela e pensei que estava a começar a perder o juízo. Depois de orar, a Heidi virou-se para mim e disse-me novamente para começar a servir. A senhora perguntou à Heidi: "Porque não me disseste que tinhas uma família grande em tua casa?" A Heidi não respondeu e apenas me deu outra vez a ordem. Eu servi a comida. Todos comemos, e ainda sobrou. Esse foi o primeiro milagre que vi acontecer na minha vida. E nesse dia decidi amar e seguir Jesus Cristo.

Deixámos a casa na cidade e fomos para a Machava. O ministério infantil estava instalado numa igreja e vivíamos lá. Como éramos muitos, a Heidi e o Rolland alugaram algumas casas nas imediações, e ficámos a viver nelas. Mais tarde, conseguiram um terreno na Machava e, em pouco tempo, também conseguiram o terreno em Zimpeto (onde o centro existe atualmente). Foi uma experiência muito gratificante.

A Heidi e o Rolland convidaram-me para ir a Pemba, para ajudar no Centro Infantil e com o Bem-Estar Social. Tornei-me líder na nova base do Ministério Iris na cidade de Pemba. Ali aprendi muitas coisas, e isso incentivou-me a amar outras crianças.

Sou casada com o César — conhecemo-nos durante os nossos dias em Chihango. Casámo-nos em 1997. Tenho uma família abençoada. Temos seis filhos biológicos e cuido de mais quatro crianças. Regressei à cidade de Maputo em 2018.

Atualmente, trabalho com viúvas, crianças da rua, órfãos e outras crianças em situações de vulnerabilidade. Tenho um projeto chamado Fundação Ágape da Rua. O objetivo é reintegrar as crianças nas suas famílias e, caso isso não seja possível, proporcionar-lhes assistência através de um cesto básico de alimentos. Também as matriculo na escola, compro material escolar e uniformes. Adoro o meu projeto.

Aprendi tudo isto com alguém muito especial e fui tocada pelo Espírito de Deus. Quero fazer pelos outros aquilo que alguém fez por mim. Essa pessoa é a Mamã Heidi. Devo também mencionar que tenho um conselheiro muito paciente chamado Francisco (o Administrador Nacional), a quem considero como um irmão mais velho. Ele tem-me ajudado e incentivado muito a seguir em frente. Peço a Deus, o Todo-Poderoso, que o ajude e o abençoe por tudo o que tem feito por mim.

Francisco, obrigada por me ajudares com os teus conselhos. És muito importante para a minha vida e para a vida da minha família.

Rabia e César

Rabia, César, sua família e a Mamã Heidi

CAPÍTULO 19

A história de Ramos Macamo

O MEU NOME é Ramos Silvano Macamo, embora todos os meus amigos me chamem "Ramito". Nasci em 1990, em Moçambique, na cidade capital de Maputo.

Vivi em Maputo até aos 20 anos. Recebi uma bolsa de estudo através do Ministério Iris para estudar em Chicago, onde completei a minha licenciatura (B.Sc.) em Administração de Empresas e Gestão.

Quando olho para trás, para a minha vida, e vejo onde estou hoje, é uma demonstração clara da obra de Deus. O livro de Jeremias dá-nos uma imagem poderosa, representando Deus como o oleiro e nós como o barro: "Como o barro nas mãos do oleiro, assim sois vós nas minhas mãos." (Jeremias 18:7, parafraseado).

Certamente, Deus tem moldado a minha vida desde o início, e estou muito feliz por ver os pedaços de barro partidos que Ele tem juntado para formar um vaso bonito. Deus tem usado muitas pessoas, através do Ministério Iris, para me tornar na pessoa que sou hoje. É o meu sonho que, ao partilhar este testemunho, o amor de Deus e o Seu abraço também vos ajudem a receber a mesma graça — a graça que restaura o que está partido — para que o mundo se alegre na obra final de arte que Deus faz.

Dos milhares de crianças envolvidas com o Ministério Iris em Moçambique, é justo dizer que há milhares de testemunhos incríveis — e o meu não é exceção. Por isso, sinto-me profundamente honrado por ter sido convidado a partilhar a minha história.

A minha infância não foi muito diferente da de muitas outras crianças que cresceram nas várias bases geridas pelo Iris. Felizmente, passei a maior parte dos meus primeiros anos na base de Zimpeto, em Maputo. Foi aí que conheci o Steven e a Ros Lazar — ou, como carinhosamente os chamamos, "Papá Steve" e "Mamã Ros". Eles dedicaram a maior parte das suas vidas a cuidar de crianças órfãs, negligenciadas e abandonadas. Amaram-nos e ensinaram-nos o que significa viver em família, apesar dos nossos começos difíceis.

Nasci numa família desfeita e disfuncional. Sou o mais novo de seis irmãos e, por isso, dependia do que os meus irmãos mais velhos me contavam sobre os nossos pais. Do que me recordo, tinha apenas quatro anos quando a minha mãe levou todos os meus irmãos e a mim para um orfanato em Chihango. Esse orfanato era gerido pelo governo comunista — o grupo que esteve na linha da frente do movimento de libertação de Moçambique, o partido FRELIMO.

A guerra pela independência durou muitos anos. Foi necessário muito sacrifício para conquistar a liberdade após mais de 500 anos de escravatura e colonização. Como resultado dessa longa luta, o país encontrava-se em completa desordem. No entanto, a Declaração de Independência em 1975 trouxe um novo começo, cheio de esperança. Mas essa paz durou pouco tempo.

A Declaração de Independência abriu o caminho para conflitos internos entre vários grupos em Moçambique, enquanto lutavam para definir como iria ser o país recém-formado. Este período de instabilidade política durou mais de quinze anos. O primeiro acordo de paz foi assinado em 1992, em Berlim. Este acordo foi fundamental para o desenvolvimento do país, pois abriu caminho para o investimento. Para além disso, algo muito importante foi que, após este acordo, as fronteiras de Moçambique abriram-se para receber missionários no país. A eles, estou eternamente grato. É por causa da presença deles em Moçambique que hoje sou a pessoa que sou.

Embora o acordo de cessar-fogo tenha sido alcançado, a paz e a estabilidade política e económica continuavam frágeis no país. Os resíduos da guerra ainda são visíveis hoje em muitas regiões e nas vidas de muitas comunidades, cujos eventos trágicos as alteraram para sempre.

Eu não experimentei as brutalidades da guerra, mas nasci na altura certa para poder ver os efeitos negativos que a guerra causou ao meu querido Moçambique e aos meus queridos irmãos e irmãs. Por causa da guerra, o estado da economia, desde a independência, continuava estagnado. O governo não tinha investido em nada, a não ser em armamentos para alimentar a guerra. As famílias estavam devastadas, as aldeias e casas destruídas. Muitas crianças ficaram órfãs e a nação estava num caos. Esta era a realidade dos anos 90. Só nos últimos anos é que o país começou a dar sinais de recuperação.

Muitas crianças foram vítimas da guerra, que lhes tirou os pais, deixando-as órfãs. Eu nasci num lugar onde a estrutura social era inexistente e os valores familiares não existiam. O meu pai desapareceu quando eu tinha dois anos. Nunca cheguei a ver o seu rosto nem a ouvir a sua voz, nem me lembro dos seus braços à minha volta. A tragédia que dizimou a nação ainda hoje é sentida por muitas pessoas e crianças que sobreviveram àqueles tempos duros. A maioria dessas crianças são hoje adultas. Muitas transformaram-se em pessoas com um coração frio e duro, ou morreram devido à falta de intervenção de forças externas ou até de forças divinas.

Para aqueles que vivem em circunstâncias difíceis, é muito difícil acreditar na bondade de Deus e na beleza que Ele criou neste universo, pois tudo o que têm visto e experimentado é ódio, dor e sofrimento. Os meus primeiros dias foram caracterizados por rejeição, ódio, dor e sofrimento. Enquanto escrevo este testemunho e olho para trás, em reflexão, parece que eu vivia num túnel enterrado debaixo da terra, envolvido por uma escuridão profunda, e ao atravessá-lo parecia que nunca iria ver a luz. Estou grato às pessoas que Deus trouxe à minha vida para intervir e ajudar-me quando mais precisei, e oro para que Deus envie pessoas para ajudar todos aqueles que estão em necessidade.

Como disse antes, eu tinha apenas quatro anos quando a minha mãe decidiu que a melhor opção para termos uma "vida normal" seria entregar-nos ao orfanato gerido pelo governo em Chihango, após anos a tentar sustentar-nos sózinha, eu e os meus irmãos. O conceito de "vida normal" naquele orfanato era uma ideia remota.

Os líderes e fundadores do Ministério Iris, a Heidi e o Rolland, chamaram àquele lugar "o inferno na terra". Depois do que nós experimentámos naquele lugar, concordo com a descrição deles.

Aproximadamente um ano depois de termos começado a viver naquele orfanato, os missionários Rolland e Heidi chegaram a Moçambique e cooperaram com o governo local. Eles investiram física, emocional e espiritualmente para nos proporcionar uma vida que se assemelhasse à normalidade. No entanto, essa vida normal não durou muito tempo; as divergências entre os missionários e os líderes moçambicanos forçaram-nos a ir cada um para o seu lado, deixando-nos novamente abandonados. Naquela altura, a maioria de nós, que já tinha experimentado o que uma vida normal poderia ser, não queria voltar para as nossas antigas vidas. Decidimos seguir os missionários, apesar de não termos uma ideia clara para onde aquele caminho nos iria levar.

Hoje, posso afirmar com toda a certeza que essa foi a segunda melhor decisão da minha vida. A minha primeira decisão — e a melhor de todas — foi aceitar o Senhor Jesus Cristo como meu Senhor e Salvador, e convidá-lo para entrar no meu coração e mudar e transformar o que ainda restava dele. Foi no meio daquele caos que o Ministério Iris nasceu em Moçambique e, graças a Deus, fui uma das crianças que mais beneficiaram.

Devido à minha associação anterior com o orfanato do governo, tive o privilégio de iniciar a minha educação mais cedo, porque o orfanato não tinha um currículo adaptado para as crianças. Tive de ingressar na escola pública com todas as outras crianças, apesar da minha tenra idade. E assim continuou até que ingressei na base do Zimpeto, já no quarto ano.

À medida que os anos foram passando, fui progredindo na escola, e tudo parecia normal até que, um dia, fui relembrado de onde vinha. Estava prestes a inscrever-me para participar no primeiro exame nacional do quinto ano, mas, para fazer este exame, eu e todas as outras crianças do Iris que iam fazê-lo tínhamos de ter as certidões de nascimento; porém, até aquela altura, ninguém nos tinha ainda registado.

Os líderes do Iris entraram em ação e, com a cooperação do governo, as certidões de nascimento foram emitidas. Para a maioria de nós, as nossas certidões de nascimento foram emitidas sem afiliação familiar, uma vez que não tínhamos um adulto que pudesse atestar a paternidade. Esta foi a certidão de nascimento que usei até completar o ensino secundário. Só depois, quando os meus irmãos mais velhos atingiram a maioridade, puderam atuar como testemunhas para que eu tivesse uma certidão de nascimento com os nomes dos meus pais. (A questão da minha certidão de nascimento foi revista há alguns anos, quando fiz o pedido de residência permanente na Alemanha. O consulado alemão perguntou-me por que razão a minha certidão de nascimento tinha sido alterada, e eu expliquei-lhes a história da minha infância.)

A base do Iris em Zimpeto tem sido um refúgio para muitas pessoas. Passei mais de vinte anos da minha vida lá. Pela graça de Deus e a obediência de muitos missionários de várias partes do mundo, que deixaram de lado as suas carreiras e famílias para cuidar de nós, eu e muitas outras pessoas na base tivemos o privilégio de viver a melhor vida possível: uma vida baseada na fé, na comunidade e com o sentimento de pertencermos a uma família que, de outra forma, não teríamos tido.

Em 2004, tive o privilégio de representar Moçambique num fórum em Barcelona, na Espanha. O fórum reuniu crianças de várias partes do mundo para discutir o desenvolvimento dos direitos das crianças em todo o mundo. Após esses encontros, as Nações Unidas, UNICEF e Save the Children definiram diretrizes e métricas a serem alcançadas como indicadores de bom progresso nos direitos das crianças. Ao refletir sobre os eventos que antecederam a minha seleção para participar naquele fórum, vem-me à mente que tudo isso aconteceu dessa forma porque Deus interveio a meu favor. O livro de Samuel explica que: "Deus levanta o pobre do pó, Deus ergue o necessitado do monturo, e Deus faz com que se sentem com os príncipes." (1 Samuel 2:8). Certamente, pó e cinzas é a melhor descrição do início da minha vida. Não tenho nenhum traço de nobreza em mim e, por isso, não havia nada que me pudesse qualificar, a não ser Deus. Ele próprio escolheu-me e ergueu-me para a Sua glória.

E foi assim que tudo aconteceu.

No início dos anos 2000, a base do Iris em Zimpeto progrediu muito em termos da ajuda que providenciava a muitas crianças. Estávamos a ser alimentados, vestidos e instruídos. As nossas vidas estavam a mudar para melhor, e o governo moçambicano começou a reparar nisso. A base do Iris era um lugar onde se podiam encontrar todos os tipos de crianças. Havia crianças que tinham vindo de famílias desfeitas e com vidas destruídas. Essas crianças estavam a ser transformadas e a tornar-se novos membros da família Iris, e, por consequência, estavam a ser transformadas para serem bons contribuintes para a nação moçambicana. Já para não mencionar que muitas dessas crianças iriam também viver com a perspectiva do Reino de Deus.

O segundo presidente de Moçambique (Joaquim Chissano) reconheceu que as crianças eram o futuro da nação. O ministro dos Assuntos Comunitários começou a viajar de comunidade em comunidade, e foram realizadas reuniões em escolas primárias e secundárias para procurar crianças que representassem cada distrito. Eles chegaram à base em Zimpeto, onde as primeiras discussões sobre os direitos das crianças iam ser realizadas. Muitas crianças superdotadas e brilhantes foram selecionadas, e fiquei surpreendido por me encontrar nessa lista.

Também fiquei surpreendido quando ouvi que a maioria das apresentações estava centrada na família e na comunidade, e as pessoas falavam de forma entusiástica sobre a importância destes elementos para a criação de comunidades vibrantes e nações bem-sucedidas. Na minha experiência, eu nunca tinha visto uma família bem-sucedida. Ainda estava a aprender a fazer parte da família Iris, que é completamente diferente de qualquer outra família comum. Percebi que a perspetiva das crianças que foram removidas das suas famílias estava completamente ausente. Eu tinha muitos testemunhos para partilhar sobre o que ainda precisava de ser feito por essas crianças tão desfavorecidas.

Após aqueles debates, fui selecionado para ser o representante do meu distrito e membro do parlamento infantil, como defensor dos direitos das crianças. Nos anos seguintes, mais reuniões foram realizadas, e desta vez mais pessoas de todas as províncias do país foram convidadas. Depois, a nível nacional, tivemos que fazer uma apresentação oral sobre a situação dos direitos das crianças. A partir dessas apresentações, os responsáveis do governo escolheram doze crianças para representar Moçambique no fórum em Espanha. Eu não tinha nenhuma confiança em mim mesmo. Estava a debater com crianças mais inteligentes, que vinham de famílias influentes e frequentavam escolas melhores do que a média dos moçambicanos. No entanto, tinha a certeza de uma coisa: eu tinha uma história muito diferente para contar em comparação com muitos dos outros participantes. Após a sessão do parlamento infantil, fomos todos convidados para a casa do presidente de Moçambique, o "Palácio da Ponta Vermelha", para um jantar social. Esta foi a minha primeira introdução a um jantar elegante, e a minha falta de classe era evidente. No entanto, algumas semanas depois, recebi uma boa notícia e fiquei surpreendido e muito feliz, pois fui escolhido para representar Moçambique em Espanha. Sem dúvida, foi Deus que me escolheu. Eu era um dos marginalizados do mundo, um indesejado, mas, no entanto, iria sentar-me ao lado dos membros mais respeitados da sociedade.

O Papa Steve e a Mamã Ros deram-me uma mala com praticamente todas as coisas que eu iria precisar para a minha viagem e, o mais importante de tudo, uma máquina fotográfica descartável. O meu tempo em Barcelona foi surreal. Deu-me muito prazer experimentar uma vida que nunca pensei que existisse, tendo em conta a grande diferença entre a minha situação de vida e a dos países desenvolvidos.

O fórum durou duas semanas e depois regressámos. Foi uma experiência que recordo com carinho até hoje. Tive o privilégio de estar com muitas outras crianças que foram escolhidas para representar os seus países, a maioria das quais tinha um status social mais elevado do que o meu. Tinham melhores maneiras do que eu, eram mais bem educadas do que eu e mereciam fazer parte deste evento, mas, pela graça de Deus, eu também estive lá presente. Tive a oportunidade de conhecer muitas pessoas importantes, embora eu não soubesse quem eram. Por exemplo, depois do meu regresso, a Mana Laura, uma missionária americana em Zimpeto, quando estava a ver as minhas fotos de Espanha, reparou que a Angelina Jolie tinha estado lá. Ela ficou surpreendida e perguntou-me se eu sabia quem ela era, mas eu não sabia. Apenas me lembrava que ela foi uma das senhoras que fez um discurso e passou a tarde connosco.

Até hoje me pergunto como é que eu fui até lá, e a única resposta plausível é que foi pela graça de Deus.

Após o meu regresso a Zimpeto, continuei com os meus estudos. Com o apoio dos parceiros da igreja do Iris e dos missionários, foi-me dada a melhor preparação educacional possível para a minha vida, carreira e ministério. Hoje, posso dizer que fui bem formado pela graça de Deus, e Ele tem-me ajudado a obter algumas qualificações académicas que eu nunca sonhei alcançar. Em 2022, recebi o meu primeiro mestrado, um M.Sc. em Economia Financeira, pela Universidade Otto-von-Guericke de Magdeburgo, e em 2023 recebi o meu segundo mestrado, um M.Sc. em Economia e Economia Aplicada, pela Universidade de Hamburgo.

Atualmente, estou a desfrutar dos meus primeiros anos de casamento. Em 2022, casei-me com a minha preciosa esposa, Astrid Ingrid Macamo, que conheci em Moçambique, em 2010, quando ela visitou Zimpeto com o seu grupo de jovens. Juntos, vivemos em Hamburgo, Alemanha, e estamos ativos no ministério, apoiando a Iris Revival Online Church, iniciada pelo Pastor Surpresa, e a Dock 1 Kirche, a nossa comunidade local de crentes em Hamburgo.

É maravilhoso quando Deus abençoa pessoas com sabedoria natural e sobrenatural para avançar o Seu reino. Estou muito feliz por fazer parte deste movimento, podendo trazer o céu à terra através da demonstração do amor de Deus aos outros e celebrar com todos os crentes, à medida que a Sua vontade se faz nas nossas vidas e se manifesta neste mundo.

Para além do ministério, também seguimos as nossas carreiras. Sou consultor de transformação financeira e digital na Deloitte, e a minha esposa trabalha no Ministério da Educação e Cuidado Infantil como consultora de trabalho e psicologia organizacional. Estamos muito entusiasmados e ansiosos por ver o que Deus fará nas nossas vidas, como família e ao serviço do Seu reino.

Quando nos conhecemos em Moçambique, éramos ambos muito jovens e tínhamos prioridades diferentes. A Astrid, que é muito determinada e disciplinada, estava focada nos seus estudos na Universidade de Leipzig. Já tinha a ambição de obter um grau elevado em Psicologia, o qual obteve mais tarde, em 2018. Enquanto isso, eu preparava-me para me mudar para Chicago e começar a faculdade. As nossas ambições académicas alinharam-se perfeitamente, assim como a nossa fé, apesar de termos sido criados em ambientes diferentes. No entanto, não sabíamos o que o futuro nos reservava em relação ao nosso relacionamento, pois vivíamos em continentes diferentes. Mantivemo-nos em contacto e, só anos depois, quando me mudei para a Alemanha para seguir um mestrado, desenvolvemos um relacionamento que culminou em casamento.

Somos muito abençoados, pois juntos estamos a começar uma família e a seguir ativamente a chamada que Deus tem para as nossas vidas.

Em setembro de 2023, a minha esposa Astrid e eu fomos abençoados com a oportunidade de visitar Moçambique. O nosso desejo era ficar na base de Zimpeto, onde passei a minha infância, para reencontrar os educadores, a equipa moçambicana e algumas das crianças que ainda lá estivessem. Para grande surpresa minha, muitos dos jovens que eram adolescentes quando deixei Moçambique já tinham feito a transição para a comunidade do Ministério Iris em Maracuene, onde estão a receber a melhor formação possível para os equipar para a vida adulta em Moçambique. Pude estar com alguns dos jovens com quem partilhei o dormitório e o recreio.

As nossas vidas parecem agora completamente diferentes, pois eu vivo na Alemanha há cerca de cinco anos, e antes disso vivi nos Estados Unidos durante sete anos.

Enquanto estive em Zimpeto, tive a oportunidade de visitar a Casa dos Bebés e a creche para ver o quanto as coisas mudaram. A Casa dos Bebés está muito diferente em comparação com há dez anos. A infraestrutura está melhor do que eu me lembrava daquela altura. No entanto, um tema que permanece constante desde então até hoje é o amor e a dedicação dos educadores que cuidam das crianças na base. Fiquei muito feliz por rever alguns dos educadores que trabalham na Casa dos Bebés, alguns dos quais me conhecem desde que eu tinha seis anos ou menos. Certamente, muitas crianças passaram pelas suas mãos como bebés, crianças pequenas e crianças mais velhas, e esses educadores dedicaram a sua vida para cuidar delas e educá-las.

Além da Casa dos Bebés, a escola primária e secundária são as partes mais visíveis da base do Ministério Iris em Zimpeto. Durante o dia, a base está cheia de estudantes que frequentam as aulas, variando entre 1.000 e 3.000 alunos. A infraestrutura escolar melhorou significativamente em comparação com os anos em que eu frequentava a escola primária. Naquela altura, não tínhamos edifícios de salas de aula adequados; eu estudava debaixo de uma mangueira, onde completei o quarto e o quinto ano. Hoje, as crianças têm o privilégio de ter salas de aula com material isolante, equipadas com materiais de ensino básicos que cumprem os padrões moçambicanos.

O Ministério Iris tem investido, e continua a investir, no desenvolvimento físico das crianças e da comunidade, mas também no desenvolvimento espiritual de todas as pessoas envolvidas no ministério. Esta é uma característica que permanece visível até hoje, e é muito importante.

Durante a minha visita a Moçambique, fiquei feliz por ver que a maioria dos ministérios que estavam em funcionamento no início dos anos 2000 ainda estão ativos hoje. Eu costumava estar envolvido em ministérios evangelísticos, incluindo o trabalho missionário durante os fins de semana, e no Ministério Hospitalar. Fiquei muito contente por ver que essas campanhas evangelísticas ainda estão ativas e a prosperar, assim como as igrejas que foram construídas graças a esse evangelismo. No geral, a minha última visita a Moçambique foi muito enriquecedora. Lembrei-me da infância que tive e, embora eu não a tenha escolhido para mim, foi um lugar onde Deus interveio e mudou a minha vida para sempre.

Estou eternamente grato a todas as igrejas, ministérios e missionários que contribuíram incansavelmente para o meu desenvolvimento e para o desenvolvimento de todas as crianças do Ministério Iris, em primeiro lugar na base de Zimpeto, mas também em muitos outros locais. Tenho a certeza de que existem muitos outros testemunhos de vidas radicalmente transformadas, e o meu é apenas uma história simples.

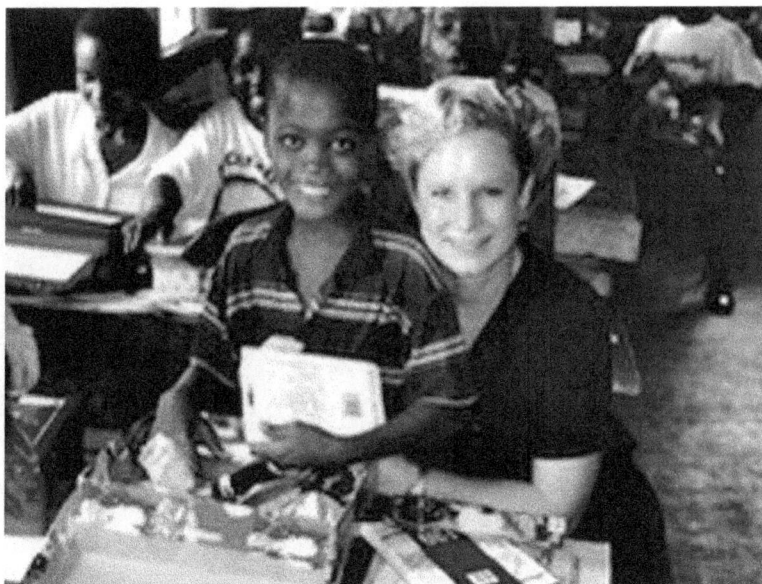

Ramito em criança com a Mamã Aida

Ramito com a sua esposa Astrid

Quando era um rapaz jovem, com a Mamã Aida

CAPÍTULO 20

A história de Silávio Pedro

O MEU NOME é Silávio Pedro e nasci em Maputo, Moçambique, no dia 27 de junho de 1998.

Desde muito cedo, a minha vida e a vida da minha família foram marcadas por dificuldades. Cresci ao lado da minha mãe, do meu irmão e da minha irmã, mas a nossa vida em conjunto foi profundamente afetada pela deterioração mental da minha mãe. A sua condição afetou muito a nossa qualidade de vida.

Vivíamos predominantemente da agricultura de subsistência. A minha mãe tinha um pequeno pedaço de terra onde cultivávamos diversos produtos. O terreno ficava a uma distância considerável da casa, e era lá que passávamos a maior parte do nosso tempo. O trabalho na terra era árduo e exigia muito esforço físico. Todos os dias, depois do trabalho, íamos ao mercado local em Zimpeto para vender o que havíamos cultivado. Apesar do nosso esforço, as vendas eram muito poucas e, como consequência, passávamos por períodos frequentes de fome.

A situação financeira era precária, e a necessidade constante de trabalho impedia-me de frequentar a escola. Não me era permitido ir à escola, pois a minha mãe precisava da nossa ajuda tanto na horta como nas vendas no mercado. Andávamos por muitos mercados em Maputo, desde o amanhecer até ao anoitecer, sempre a pé. A dor nos meus pés, apesar de ser criança, era intensa e constante por caminhar distâncias tão longas.

Ainda não mencionei o meu pai até agora, pois a sua presença na minha vida era praticamente inexistente. Cresci sem uma figura paterna, e a pouca informação que tenho sobre ele é vaga e escassa. A sua ausência foi um desafio acrescido numa vida que já por si era complicada.

Refúgio no Ministério Iris

A situação piorou significativamente quando a minha mãe foi internada à força no Hospital Psiquiátrico de Infulene. O agravamento da sua condição levou a minha avó materna e os seus filhos a tomar a difícil decisão de interná-la, para a sua própria segurança e bem-estar. Sem a minha mãe, a responsabilidade de cuidar de nós caiu toda sobre a nossa avó, o que foi uma grande dificuldade para ela. Devido ao comportamento agressivo da minha mãe no passado, o resto da família tinha medo e estava relutante em ajudar.

Durante o tempo em que estivemos aos cuidados da nossa avó, ela tentou fazer o melhor por nós, inclusive tentando nos matricular na escola. No entanto, a situação tomou um rumo inesperado quando a minha mãe, num ato de desespero, conseguiu sair do hospital e denunciou a nossa avó à polícia, alegando falsamente que ela nos tinha raptado para nos vender. Isso levou à prisão da minha avó, que ficou detida por três dias. A intervenção dos vizinhos foi crucial para que ela fosse libertada, pois estavam preocupados com o estado mental da minha mãe.

Após aquele episódio traumático, a minha mãe proibiu-nos de visitar a nossa avó. Apesar dos esforços da nossa avó para nos colocar num abrigo para crianças desfavorecidas, a minha mãe acreditava que ela pretendia vender-nos e recusou-se a deixar-nos ir vê-la.

Em 2004, a minha avó e os vizinhos planearam cuidadosamente um plano para mudar a nossa situação. O meu irmão mais velho, que já tinha uma ideia mais clara do que se passava, fugiu durante uma ida ao mercado. Eu e a minha irmã Mónica ficámos com a nossa mãe. Naquela noite, a minha avó pagou a um homem bêbado para distrair a minha mãe enquanto outra pessoa nos levava. Eu e a Mónica fomos retirados da nossa casa numa operação que parecia um rapto, e eu gritei desesperadamente. No entanto, quando fui entregue à minha avó, consegui acalmar-me. A minha mãe estava desesperada, acreditando que estávamos a ser raptados. A minha avó levou-nos para a casa de um amigo, para que pudéssemos passar a noite em segurança. No dia seguinte, fomos levados para o Ministério Iris. O plano inicial da minha avó era levar-nos os três para o Ministério Iris, mas, no final, apenas eu e a Mónica fomos para lá, enquanto o meu irmão ficou aos cuidados da minha tia.

Assim que lá chegámos em segurança, a minha avó explicou a nova situação à nossa mãe, o que me trouxe algum alívio. Infelizmente, não tive oportunidade de a ver novamente depois daquela noite em 2004, e ela faleceu em 2014, devido a uma doença.

Uma nova vida no Ministério Iris

Chegar ao Ministério Iris em 2004 foi uma experiência transformadora e totalmente nova para mim. Quando entrei nas instalações da missão, fui recebido por uma grande variedade de crianças, de idades e origens diferentes. Fiquei especialmente animado ao perceber que havia outras crianças da minha faixa etária, o que me fez sentir um pouco mais à vontade no meio de tanta novidade.

A adaptação à nova rotina foi relativamente tranquila. A Mónica, a minha irmãzinha, foi encaminhada para a *Baby House*, pois ela tinha apenas quatro anos na época. Eu fui levado para o Dormitório Cinco, onde moravam crianças de seis anos. A Mana Katie, a missionária responsável pelo dormitório, acolheu-me calorosamente com um lanche simples, mas marcante: pão com manteiga de amendoim. Essa foi uma das primeiras vezes que experimentei algo tão diferente do que estava acostumado, e o sabor do pão com manteiga de amendoim ficou gravado na minha memória.

Uma das mudanças mais significativas foi começar a frequentar a escola pela primeira vez. Inicialmente, a experiência foi um pouco difícil, e o ambiente escolar era muito diferente do que eu conhecia. No entanto, com o tempo, consegui adaptar-me melhor. Na segunda classe, voltei com uma determinação renovada e, surpreendentemente, fui eleito o melhor aluno da turma. Esse reconhecimento motivou-me a continuar a estudar com empenho e, a partir de então, passei a ser regularmente um dos melhores alunos.

Durante os meus estudos, tive a oportunidade de aprender sobre a vida, explorar diferentes países e culturas e, acima de tudo, conhecer Jesus, que se tornou uma parte essencial da minha caminhada.

No Ministério Iris, desenvolvi uma grande paixão pelo futebol e pelo cinema, atividades que se tornaram uma parte importante da minha vida. Outra coisa nova que me impressionou bastante foi poder comer três refeições por dia, algo que anteriormente na minha vida era quase impossível. Foi uma revelação para mim perceber que o simples facto de haver comida regularmente pode transformar a vida cotidiana de uma pessoa. Além disso, aprendi que pessoas de diferentes origens e culturas podem unir-se e formar uma verdadeira família. As celebrações do Dia das Crianças e do Natal foram momentos de intensa alegria e festa coletiva, muito diferentes das experiências que eu tinha tido antes. O carinho e a dedicação dos missionários e educadores foram fundamentais para o meu desenvolvimento e adaptação, e esses momentos de acolhimento, cuidado e apoio são lembrados com grande gratidão.

Reflexões sobre a minha adolescência

Durante a minha adolescência no Ministério Iris, a minha vida passou por uma transformação profunda e significativa. Aprendi sobre a vida, sobre mim mesmo e, acima de tudo, sobre Deus, o Criador de todas as coisas. As atividades de discipulado promovidas pelos missionários desempenharam um papel fundamental nesse processo de crescimento. Foram muito mais do que simples aulas — foram momentos de verdadeira introspecção e descoberta espiritual.

Esses discipulados foram essenciais para que eu pudesse entender e experimentar o amor de Jesus de forma pessoal e prática. Através da orientação e dos ensinamentos que recebi, comecei a compreender o conceito de arrependimento genuíno e a importância de viver uma vida alinhada com os princípios de Deus. Esse processo não apenas moldou a minha visão espiritual, mas influenciou profundamente o meu caráter e a minha visão de mundo.

Passar a minha adolescência no Ministério Iris foi uma experiência valiosa, especialmente no contexto de Moçambique, onde muitos jovens enfrentam grandes dificuldades e acabam por se desviar do caminho. A estrutura e o apoio que recebi foram fundamentais para o meu desenvolvimento pessoal e espiritual, e sinto-me imensamente grato por ter vivido essa fase num ambiente tão enriquecedor e protetor.

Durante esse período, aprendi lições valiosas sobre o que é certo e errado, e sobre a importância de fazer escolhas conscientes. Além disso, o Ministério enfatizava a importância da educação como um meio crucial para superar a pobreza e alcançar o sucesso. A educação que recebi não foi apenas uma preparação académica, mas uma ferramenta vital para a minha auto-capacitação e realização pessoal.

Conhecer Jesus e ter acesso a uma educação de qualidade foram, sem dúvida, ferramentas essenciais para o meu sucesso. Essas experiências deram-me uma base sólida sobre a qual pude construir o meu futuro. Apesar das dificuldades que enfrentei, a orientação constante dos missionários e educadores foi uma âncora crucial na minha jornada. Eles não apenas me ajudaram a navegar pelos altos e baixos da vida, mas também me ensinaram o valor da disciplina e da gestão do tempo.

Aprendi a importância de respeitar horários e a ser pontual, uma lição que se refletiu na minha vida académica e profissional. A capacidade de cumprir prazos e manter um compromisso com pontualidade, tornou-se uma característica na minha vida, impactando positivamente o meu desempenho na faculdade e no trabalho.

Em resumo, a minha adolescência no Ministério Iris foi uma fase de grande aprendizagem e crescimento. A combinação duma base espiritual sólida e uma educação de qualidade forneceu-me as ferramentas necessárias para enfrentar os desafios da vida e seguir o meu propósito com determinação. Estou profundamente grato por ter tido a oportunidade de viver essa fase num ambiente que contribuiu tanto para o meu desenvolvimento pessoal e espiritual.

Uma caminhada de sonhos e conquistas

Quando cheguei ao Ministério Iris, a minha vida era marcada pela falta de objetivos claros e sonhos definidos. A partir daquele momento, a minha caminhada tornou-se mais sobre descobrir o meu caminho e entender quais eram as minhas verdadeiras paixões. Com o tempo, algo começou a formar-se dentro de mim: uma paixão crescente pelo futebol. Esse interesse deu-me a possibilidade de me expressar e de encontrar alegria, mas logo percebi que havia algo mais profundo a desenvolver-se. À medida que amadurecia, a minha visão começou a expandir-se, e a ideia de me tornar engenheiro mecânico começou a ganhar força. Esse novo sonho surgiu de uma combinação de fascínio por perceber como as coisas funcionam e da determinação de criar algo significativo. Decidi então dedicar-me intensamente aos meus estudos, sabendo que a engenharia mecânica seria o campo onde eu poderia canalizar a minha paixão ao resolver problemas e desenvolver projetos inovadores.

O caminho para alcançar esse sonho não foi fácil, mas a determinação e o apoio que recebi foram fundamentais. Em 2022, consegui alcançar um dos maiores marcos da minha vida, quando me formei em engenharia mecânica. A minha especialização foi centrada na produção de desenhos de projetos de engenharia, especificamente na fabricação de janelas de alumínio. Durante a minha formação, adquiri habilidades valiosas para a criação de soluções técnicas e para a implementação de projetos que exigiam precisão e criatividade.

Após a formatura, comecei a trabalhar como desenhista, um papel que me permitiu aplicar os meus conhecimentos e habilidades em projetos reais. A minha experiência envolveu a contribuição no desenho de portas, portões e janelas para tribunais e grandes edifícios em Moçambique. A oportunidade de trabalhar em projetos de grande escala e impacto foi muito gratificante e desafiadora. Cada projeto não era apenas um trabalho técnico, mas uma oportunidade para deixar uma marca visível e duradoura na infraestrutura do país.

Quando olho para trás, é incrível refletir sobre a caminhada que percorri. Fui de não ter objetivos definidos a realizar sonhos ambiciosos. A sensação de ter alcançado esses objetivos é um verdadeiro milagre, destacando a importância da perseverança, paixão e apoio que recebi ao longo deste caminho. Cada dificuldade superada e cada conquista alcançada são testemunhos de que, com determinação e fé, é possível transformar sonhos em realidade e alcançar metas que antes pareciam inatingíveis.

A *minha caminhada espiritual*

A minha caminhada espiritual no Íris Global tem sido uma trajetória de transformações profundas e milagres, e o encontro e relacionamento com Jesus é a maior bênção da minha vida. Desde os primeiros anos da minha infância, sinto uma ligação especial com Jesus. Embora naquela época eu não entendesse completamente a profundidade desse relacionamento, havia um afeto sincero e um desejo de entender mais sobre Ele.

O meu envolvimento em grupos de dança e discipulado tornou-se um aspecto crucial da minha vida espiritual à medida que fui crescendo e fazendo a transição para a adolescência. Participar naqueles grupos não era apenas uma forma de expressar a minha fé de uma maneira criativa, mas também uma oportunidade para me aprofundar na Palavra de Deus e nos princípios cristãos. Esses momentos de dança e ensino fortaleceram a minha fé, ajudando-me a estar apercebido da presença de Deus em todos os aspectos da vida e a desenvolver uma compreensão mais madura e pessoal do Seu amor e propósito.

Em 2012, dei um passo significativo na minha vida quando me tornei professor de Escola Dominical. Essa experiência não foi apenas uma grande bênção para mim, mas também um privilégio e uma responsabilidade que abracei com carinho. Como professor, a minha missão era ajudar as crianças a darem os seus primeiros passos na fé cristã. Trabalhar com aquelas mentes e corações jovens deu-me uma nova perspectiva sobre a simplicidade e a beleza do Evangelho. Através do ensino, vi como a fé pode enraizar-se desde cedo na vida, e como cada pequena verdade se pode tornar numa base sólida para uma vida inteira de espiritualidade e crescimento.

Cada estágio na minha caminhada espiritual no Ministério Iris foi marcado por momentos de aprendizagem, crescimento e milagres que fortaleceram a minha fé. Assistir à transformação das crianças à medida que iam entendendo como viver a fé cristã e testemunhar como Jesus age nas suas vidas desde o início foi uma experiência enriquecedora e profundamente gratificante. Caminhar com Jesus, desde os primeiros dias de inocência até ao envolvimento ativo na missão de Deus, tem sido o alicerce da minha vida e tem-me dado um propósito e alegria constantes.

Agradecimentos especiais

- Muitas pessoas desempenharam um papel crucial na minha vida enquanto eu estava no Arco-Íris, e eu gostaria de expressar a minha gratidão a cada uma delas de uma maneira muito especial:
- Papa Rolland e Mamã Heidi Baker – Quero agradecer sinceramente a este casal incrível por fundar o Ministério Iris. A vossa visão e o compromisso em criar um espaço onde existe amor, aceitação e ajuda transformaram não apenas a minha vida, mas a vida de muitos outros. A vossa liderança inspiradora e dedicação incansável a Deus e aos outros estabeleceram a base para um ministério que faz uma diferença real no mundo.
- Papa Steve e Mana Ros – Estou profundamente grato ao Papa Steve e à Mana Ros por me terem acolhido com tanto carinho e generosidade no Ministério Iris em Zimpeto. A maneira como me receberam e fizeram com que me sentisse parte da família teve um impacto profundo na minha vida. O vosso amor e apoio foram fundamentais para o meu crescimento pessoal e espiritual, proporcionando-me uma base sólida e segura em momentos cruciais.
- Mana Katie Mueller (née Pleasence) e Mana Laura Kohl (née Anderson) – Estou imensamente grato à Mana

Katie e à Mana Laura por me terem proporcionado uma infância espetacular e inesquecível. As experiências, os momentos de alegria e o cuidado especial que me deram durante essa fase formativa da minha vida criaram memórias preciosas que guardarei para sempre. O ambiente amoroso e acolhedor que vocês proporcionaram ajudou-me a crescer e a desenvolver-me de uma maneira única.

• Mano Jonny e Mana Becky Wakeley – Estou profundamente grato ao Mano Jonny e à Mana Becky pelo cuidado atencioso e pela orientação que me deram durante a minha adolescência. Vocês foram um refúgio seguro numa fase de muitas mudanças e dificuldades. O vosso apoio contínuo, a paciência e o interesse genuíno pelo meu bem-estar foram cruciais para o meu desenvolvimento e para conseguir superar as dificuldades dessa etapa da vida.

• Mana Sónia e Mana Clara – Quero expressar a minha sincera gratidão à Mana Sónia e à Mana Clara pelo vosso trabalho de discipulado, que teve um impacto profundo durante a minha adolescência. Os ensinamentos, a orientação espiritual e o apoio que vocês me deram foram essenciais para aprofundar o meu relacionamento com Jesus e fortalecer a minha fé. A sabedoria e a maneira como conduziram o discipulado ajudaram-me a encontrar um propósito e a crescer espiritualmente.

• Dominic, Petrus & Alta, Phil & Anna e Rachel Clark – Vocês foram missionários extraordinários e tiveram um impacto significativo na minha vida durante o tempo que passamos juntos. O vosso trabalho e o exemplo que deram como líderes missionários não só enriqueceram a minha experiência no Íris Global, mas também moldaram a minha visão sobre serviço e missão no mundo.

Conclusão

A minha história é um testemunho de força e resiliência, marcada por um percurso cheio de dificuldades e conquistas. Desde a minha infância difícil, onde as dificuldades económicas e a instabilidade familiar eram constantes, até à realização dos meus sonhos, cada etapa foi um teste de perseverança e fé. A adversidade que enfrentei desde cedo moldou o meu caráter e ensinou-me a valorizar cada pequena vitória.

O apoio inabalável das pessoas maravilhosas que conheci no Iris Global, em Zimpeto, foi crucial para a minha transformação. Aquele abrigo não só me proporcionou um lar seguro, como também me ofereceu oportunidades de crescimento e educação que, no passado, pareciam inalcançáveis. A orientação e o cuidado que recebi ajudaram-me a superar obstáculos que, à primeira vista, pareciam intransponíveis.

Estou profundamente grato a todos os que contribuíram para a minha caminhada de vida, desde a equipa e os voluntários do Iris Global, até aos amigos e mentores que acreditaram em mim. Cada gesto de apoio, cada palavra de encorajamento, foi fundamental para o meu desenvolvimento pessoal e para o meu sucesso. Essa rede de apoio permitiu-me transformar desafios em oportunidades e sonhos em realidade.

Agora, com um coração cheio de gratidão, espero poder continuar a transmitir o amor e a sabedoria que recebi. O meu objetivo é usar a minha experiência e conhecimento para inspirar e ajudar outros que enfrentam adversidades semelhantes, assim como eu fui ajudado. Esse compromisso de retribuir é a maneira como pretendo honrar a graça de Deus e o apoio que moldou a minha vida.

Oração

Senhor Deus, agradeço por toda a luz que colocaste na minha vida através do Ministério Iris. Tu transformaste a minha dor em esperança e a minha dificuldade em triunfo. Peço que continues a guiar-me e a usar a minha vida para fazer o bem, assim como fizeste por mim. Que eu seja um reflexo do Teu amor e uma inspiração para outros, assim como fui inspirado por aqueles que vieram antes de mim. Em nome de Jesus, amém.

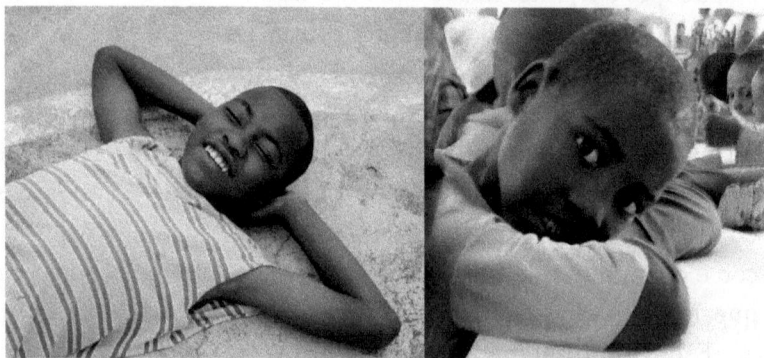

Silávio quando era criança na base

Graduação da Universidade   *No trabalho*

Silávio na Igreja com o trabalho artístico para este livro

CAPÍTULO 21

A história de Sina Armando

O MEU NOME é Sina Armando. Vivi e cresci toda a minha vida na base do Iris Global em Zimpeto, Moçambique.

Não me lembro muito dos meus primeiros meses em Zimpeto, pois era apenas um bebé quando cheguei. Nasci no dia 22 de agosto de 2006 e cheguei a Zimpeto cinco semanas depois, pesando apenas 1,6 kg. Esta primeira parte da minha história foi-me contada por outras pessoas, pelas tias moçambicanas ('Tias' cuidadoras) e pelos missionários que cuidaram de mim.

A minha mãe faleceu pouco depois de eu nascer e o meu pai não sabia muito bem como cuidar de mim. Ele dava-me apenas três biberões por dia — ao pequeno-almoço, almoço e jantar. Como eu não estava a melhorar, ele levou-me a uma clínica pública na cidade e estava a tentar entregar-me a uma das mulheres na sala de espera, pois queria que eu sobrevivesse. Um dos médicos ouviu o que estava a acontecer e telefonou ao Ministério Iris.

No dia seguinte, uma das tias do centro veio buscar-me e levou-me para a Casa dos Bebés do Ministério Iris, uma casa que dava abrigo a cerca de 32 bebés e crianças pequenas. Eu estava muito doente e desnutrida, e um dos missionários até se perguntou se eu iria sobreviver à primeira noite. Eu não dormia na Casa dos Bebés porque era muito pequena. A Mana Ros e uma das outras missionárias, a Mana Hilda, davam-me 20 ml de leite a cada hora, pois a minha barriguinha era muito pequena. Isso significava que elas não podiam dormir muito, então os outros missionários começaram a ajudar e, todos os dias, eu ia de uma casa para a outra num cesto de verga, tipo "cesto de Moisés", com todas as minhas roupas, fraldas e biberões, e os missionários cuidavam de mim. Eu ainda só conseguia beber uma quantidade muito pequena de leite a cada duas horas, por isso duvido que alguém tenha conseguido dormir muito!

Contaram-me que cristãos de todo o mundo — da Austrália ao Canadá, da Inglaterra aos Estados Unidos — estavam a orar para que eu sobrevivesse.

Pouco a pouco, comecei a ganhar peso (adorava o meu leite), fiquei mais forte e saudável, até que já era seguro ir viver para a Casa dos Bebés com as outras crianças. Lá havia seis bebés, todos com mais ou menos a mesma idade que eu, e tenho a certeza de que mantivemos toda a gente muito ocupada. Dezassete anos depois, alguns de nós ainda somos amigos e vemos-nos frequentemente.

Eu vivi na Casa das Bebés durante os primeiros quatro anos da minha vida e, embora fosse pequena, era muito ativa, e alguns até diziam que eu era "agressiva"! No entanto, nem sempre estive saudável. Na verdade, houve um verdadeiro "catálogo" de situações médicas nos meus primeiros anos de vida. Lembro-me (pelas fotos) de ter apanhado varicela e estar coberta de manchas. Depois apanhei malária e acabei no hospital com uma das tias a cuidar de mim.

Quando tinha quatro anos, no final de uma tarde, comecei a ter uma convulsão. Não estava doente, nem tinha febre, por isso tudo foi muito estranho. Duas enfermeiras levaram-me rapidamente para o grande hospital público (a trinta minutos de distância). Uma delas conduzia e falava com a chefe da Casa dos Bebés, enquanto a outra me ajudava a respirar. Mais uma vez, muitas pessoas ao redor do mundo estavam a orar por mim! Quando chegámos à sala de emergência pediátrica do hospital público, estava vazia, o que raramente acontecia, e rapidamente três médicos começaram logo a tratar-me. Fui internada na UCI (Unidade de Cuidados Intensivos) e, eventualmente, recuperei completamente. Até hoje, nunca soubemos o que causou a convulsão, mas agora, que já sou adolescente, sei que Deus me protegeu e salvou a minha vida mais uma vez.

Jeremias 29:10 fala sobre os planos e propósitos de Deus para as nossas vidas, planos que são para bem e não para mal, planos de esperança e de um futuro. Mais uma vez posso testemunhar que Deus me protegeu de perigos em muitas ocasiões. Este é mais um exemplo: quando estava no 1º ano, um dos alunos deu-me "sumo de medicina" para beber – e, logo a seguir, comecei a vomitar e a sentir-me mal. Um dos outros meninos foi buscar ajuda e (mais uma vez) fui levada às pressas para o hospital, onde me trataram até me sentir bem novamente.

Até aos quatro anos, vivi na Casa dos Bebés, mas depois eu e mais cinco amigas mudámo-nos para uma pequena "casa de transição" com a Mana Tracey (missionária). Normalmente, depois de um ano (ou às vezes dois), as crianças saíam dali e iam para os dormitórios maiores do centro, mas eu fiquei. Uma rapariga mais velha, chamada Felismina, já vivia com a Mana Tracey e, com o passar dos anos, tornou-se como uma irmã para mim.

Nós duas ainda vivemos com a Mana Tracey numa casa na base do Iris. Gosto de viver com a Mana Tracey e a Felismina, porque desde que eu era pequena ela sempre cuidou de mim, especialmente quando eu estava tão doente. A Felismina e eu até fomos à Inglaterra visitar a igreja e a família da Mana Tracey. Crescer no Centro significava que íamos sempre à igreja, e eu adorava o canto e a dança. Todos os anos, na Páscoa, o filme de Jesus era mostrado no campo de futebol para que outras pessoas pudessem vir e ouvir sobre Jesus. Quando eu tinha sete anos, lembro-me que, quando chamaram as pessoas para irem à frente aceitar Jesus nos seus corações, eu disse à missionária que também queria ir. Vou lembrar-me dessa noite para sempre. Ao longo dos anos, gostei dos Acampamentos Bíblicos e dos "Retiros" que me ajudaram a crescer na minha fé. Em 2022, no final de uma grande conferência no nosso Centro, tanto a Felismina como eu (e muitas outras raparigas) fomos batizadas de manhã cedo no Oceano Índico.

As maiores adversidades na minha vida começaram quando eu tinha oito anos. Durante muito tempo, a minha voz às vezes desaparecia. Eu mal conseguia falar (era como se tivesse sempre laringite) e muitas vezes tinha de ir para as urgências devido a dificuldades respiratórias. Todos pensavam que eu tinha asma, e eu lembro-me de pensar que ia morrer.

Sentia-me muito triste porque as outras crianças gozavam comigo. Diziam que a minha voz era como a de um velho, e eu não gostava nada de ouvir isso! Finalmente, fomos ver o Dr. Machava numa das clínicas privadas em Maputo e, depois de me ouvir falar, ele explicou aos missionários que achava que eu tinha uma doença crónica chamada "Papilomatose Respiratória Recorrente" e que estavam a crescer papilomas (nódulos) nas minhas cordas vocais, que estavam a bloquear lentamente as minhas vias respiratórias.

Os missionários e os seus amigos rapidamente pediram às pessoas para orarem, e também ajudarem com os custos de uma operação cirúrgica no setor privado. Poucas semanas depois, fiz a operação e o cirurgião removeu mais de quarenta papilomas.

Tive de ficar no hospital durante duas noites e lembro-me do Papa Steve me trazer balões. Só pude comer sopa e gelatina durante três dias! À noite, no hospital, eu ficava com medo. Tive uma segunda operação cerca de dez semanas depois, para remover mais nódulos, e depois disso o Dr. Machava disse que eu podia começar a fazer um tratamento de injeções duas vezes por semana, durante três meses.

Começámos a ir ao hospital público às 7 da manhã, duas vezes por semana, para as injeções. Eu não gostava nada, e as enfermeiras e médicos (que às vezes eram quatro) tinham de me segurar com firmeza. Essas injeções doíam muito e eu chorava sempre. Às vezes ficava doente depois de levar as injecções, e uma vez acabei por ter uma convulsão, foi muito assustador.

De tempos em tempos, eu tinha de fazer uma "endoscopia" à garganta para verem o que se estava a passar com os nódulos e as cicatrizes. Normalmente, tinha de levar anestesia e ir para a sala de operações. Mas houve uma vez que tentaram fazer a endoscopia sem anestesia, e quartro pessoas da equipa médica seguraram-me numa cadeira enquanto o médico colocava um tubo pela minha garganta. Foi horrível e eu chorei durante muito tempo depois disso.

Depois disso, fomos à África do Sul para fazer as endoscopias e, em 2019, quando fiz a última, já não havia mais nódulos e eu já não precisava de mais endoscopias. Eu ainda me sentia consciente de mim mesma pois a minha voz soava muito diferente, e as pessoas continuavam a gozar comigo, então começámos a orar para que a minha voz ficasse normal.

Deus curou-me e, lentamente, a minha voz foi melhorando também. Ainda me sinto um pouco consciente de mim própria, mas toda a gente me diz que não há nada de errado com a minha voz. Gosto de cantar e sei tocar um pouco de guitarra, e toda a gente diz que eu gosto muito de falar também!

À medida que fui aprendendo a ler a minha Bíblia, o meu versículo favorito passou a ser Eclesiastes 3, onde diz que "Há um tempo para tudo". A primeira vez que fui suficientemente corajosa para falar no nosso culto de quinta-feira à noite, compartilhei acerca deste versículo.

Quando penso na minha vida, houve muitos momentos tristes e difíceis, mas também houve muitos momentos felizes. A maioria dos momentos tristes foi devido aos meus problemas de saúde, ao tempo passado no hospital, e também ao fato de não conhecer a minha família.

Quando a minha mãe faleceu, eu era tão pequena, e só o meu pai me visitava muito de vez em quando, enquanto fui crescendo no centro. Ele era um homem mais velho, e trazia-me bolachas, e perguntava sempre como estavam as coisas na escola.

A escola não foi fácil, demorou-me muito tempo a aprender a ler e, por causa das doenças, tive de repetir um ano porque perdi muitas aulas. Havia alturas em que tinha de passar muito tempo no hospital e faltava à escola, então a Mana Tracey encontrou um estábulo de equitação onde eu podia ter aulas. Ela dizia que queria que eu fizesse algo divertido, para poder fazer uma pausa de todas as horas que passava no hospital. Eu gostava de andar a cavalo e ainda hoje tenho aulas de equitação. Gosto de fazer o trote, até de saltar obstáculos, e fazer um pouco de cross-country e dressage. Antes do Covid, fazíamos gincanas e outras competições, como cavalgar em pares e vestidos com trajes de fantasia (uma vez fui a "Bela" e o meu parceiro era "O Monstro"). Tenho uma coleção de rosetas na parede do meu quarto como recordação dessa altura.

Infelizmente, o meu pai nunca me veio ver montar a cavalo, e em 2022 ele faleceu. Já não me visitava há muito tempo, o que não era incomum. Num dia cedo de manhã, uma tia telefonou para nos contar que ele tinha morrido. Ele estava doente num hospital muito perto do centro, mas eu não sabia e nunca fui visitá-lo.

Quando me contaram, comecei a chorar muito. Lembro-me de pensar que agora o meu pai estava com a minha mãe no céu e que já não tinha ninguém que viesse visitar-me. Perguntei à Mana Tracey se ele tinha morrido de COVID. Dois dias depois, a Mana Tracey, a Felismina e as tias foram comigo para assistirmos ao funeral. Era num lugar muito afastado, chamado Calanga. Levou-nos quase quatro horas a chegar lá, era mesmo no mato, e por fim já nem havia estrada para continuarmos. Quando chegámos lá, tiveram de colocar o caixão do meu pai num trator para o levar até ao cemitério. Havia muita, muita gente lá, e muitos estavam a olhar para mim.

Alguns deles não sabiam que eu ainda estava viva, outros queriam falar comigo sobre a minha mãe, e outros apenas queriam saber quem eu era. No funeral, conheci uma parte da minha família pela primeira vez. Sabia pelo meu pai que tinha dois meios-irmãos e uma meia-irmã, mas nunca tinha conhecido os filhos deles, os meus sobrinhos e sobrinhas. Havia também tias e tios, acho eu. Foi tudo muito estranho para mim. Quando enterraram o meu pai, colocaram também todas as suas roupas e objetos na sepultura. Havia um pequeno chapéu e uma carteira que eu tinha comprado para ele em Inglaterra uma vez, e isso fez-me chorar.

Ficámos em Calanga o dia todo, porque havia um grande banquete com comidas que eu não conhecia. Conversei com os meus sobrinhos e sobrinhas, quase todos da minha idade. O meu sobrinho mais novo tem quatro anos, e gostei muito de brincar com ele — e ele também gostou de brincar comigo. Alguns de nós trocámos números de telemóvel, e pelo menos agora eu sabia que tinha família.

Quando chegou a hora de irmos embora, subi para o reboque do trator com a minha família e fiz uma viagem até à estrada com eles, antes de nos despedirmos. Eles não mantêm muito contacto comigo, e até hoje ninguém veio visitar-me no Centro. Porém, na semana passada, no aniversário da morte do meu pai, planeámos para que eu fosse ficar na casa da minha meia-irmã durante dois dias. Fiquei muito nervosa e até pensei que devia levar uma chávena, colher e prato, como se fosse acampar! A Mana Tracey sempre quis que eu conhecesse a minha família, por isso pensei que isto podia ser um começo. Diverti-me, mas a comida era muito diferente e, muitas vezes, não havia eletricidade. Também senti falta da minha casa no Centro, apesar de só ter estado lá duas noites.

Ainda tenho pelo menos dois anos de escola para terminar e, enquanto estudo, também faço muitos bolos. No ano passado, quatro alunos do 9º ano (incluindo eu) tivemos a oportunidade de fazer um curso de culinária de sete semanas, onde aprendemos a fazer bolos, quiches e biscoitos. Eu já tinha praticado um pouco em casa, e depois o Papa Steve e alguns visitantes começaram a pedir-me para fazer bolos para eles. Já fiz mais de vinte e cinco bolos e estou a guardar o dinheiro para comprar uma câmera. Tenho um pequeno negócio e preciso calcular o custo de todos os ingredientes.

Estou também a ficar mais corajosa e destemida para falar à frente de outras pessoas. Em junho de 2023, preguei para todos os alunos do secundário (cerca de 600) na nossa escola. Falei sobre milagres, pois Deus tem trazido à minha lembrança os muitos milagres que Ele já fez na minha vida. Contei a todos sobre o milagre que Deus fez ao curar a minha voz. Um milagre traz transformação, e perguntei aos alunos o que gostariam de ver mudado nas suas vidas. Que milagre queriam? Nenhum milagre é impossível para Deus; Ele pode mudar tudo, seja o que for.

Eu penso que os meus milagres pessoais são o facto de ter sobrevivido como bebé, apesar de estar tão doente e desnutrida, e que Deus me curou dos nódulos, e agora eu tenho uma voz normal. Se me conhecessem agora, nunca iriam imaginar o que aconteceu comigo quando eu era criança.

Quero terminar a escola e depois continuar a estudar no ensino superior. Sinto-me muito abençoada por ter podido visitar o Parque Nacional Kruger em várias ocasiões (a caminho das consultas médicas) e penso que gostaria de trabalhar lá, como guia turística ou nos restaurantes. Se eu for boa o suficiente, talvez gostasse de ter um negócio de bolos, e às vezes penso que também gostaria de ser advogada, porque gosto de lutar pelo que é certo.

Outro dos meus versículos favoritos da Bíblia é Romanos 10:13, que diz:

"Todo aquele que invocar o nome do Senhor será salvo", e este é o meu testemunho.

No início, houve pessoas que invocaram o nome do Senhor para salvar a minha vida, quando eu era um bebé pequeno e doente, e quando tive convulsões. À medida que vou crescendo, estou a aprender a invocar o nome de Deus por mim mesma e a pedir a Sua proteção contínua. Ainda tenho reações alérgicas, urticária e outras coisas médicas "malucas", mas Ele tem sido bom para mim muitas vezes, e tem-me mantido saudável e inteira.

Quando olho para o meu futuro, sei que Ele vai estar no controlo, vai cuidar de mim e vai providenciar o melhor para mim.

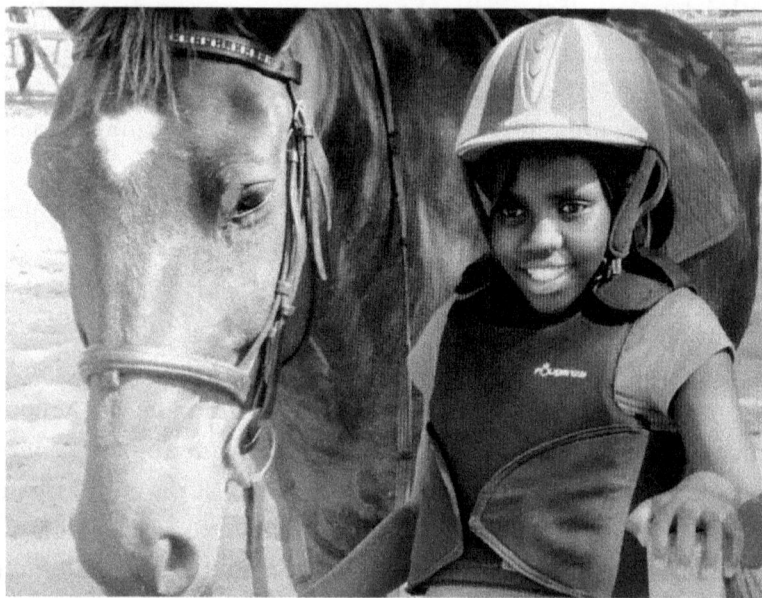

Sina gosta de andar a cavalo

Sina quando fez 18 anos. Ela tem um negócio de bolos.

Sina com os amigos Luís e Louisa

Sina com a sua "família" da base – Na casa da Mana Tracey

CAPÍTULO 22

A história de Lourenço e Miguel Carimo

NASCEMOS A 27 de fevereiro de 2002, numa humilde freguesia da cidade de Maputo. Desde o início, as nossas vidas foram marcadas por imensas dificuldades, mas os nossos sonhos eram grandes: ambos queríamos ser jogadores de futebol profissionais. Esta é a história de como enfrentámos e superámos as adversidades, encontramos apoio, e demonstrámos fé e resiliência.

Crescemos numa família humilde. A nossa mãe, Florinda — conhecida como Dona Linda — enfrentou enormes dificuldades quando nós nascemos. Como não conseguia amamentar, foi forçada a mendigar nas ruas de Maputo para nos alimentar e garantir o mínimo para a sobrevivência da família.

Num momento de desespero, ouviu falar do Iris Global, uma organização que oferecia ajuda a famílias em dificuldades. Procurou ajuda e recebeu leite, roupas e algum dinheiro para comprar comida. Esse apoio foi crucial para a nossa sobrevivência e ajudou a aliviar um pouco o peso da situação.

No entanto, as dificuldades continuaram. Os nossos pais discutiam frequentemente e acabaram por se separar. Fomos enviados para viver com a nossa avó, na esperança de termos um ambiente mais estável.

A vida com a nossa avó parecia promissora, mas logo percebemos que ela também enfrentava dificuldades financeiras. Apesar da sua bondade, a situação não melhorou muito. A família mais afastada aproveitou-se de nós, obrigando-nos a fazer trabalhos pesados e privando-nos de alimentos adequados.

A situação piorou ainda mais quando a nossa mãe adoeceu gravemente, aumentando o fardo emocional e financeiro. Fomos então forçados a voltar para a casa do nosso pai, na esperança de que a situação melhorasse — mas ele também enfrentava problemas, e a vida continuava difícil.

Uma noite, o nosso pai sentiu uma dor muito forte. Tentámos ajudá-lo, mas não conseguimos. Ele faleceu naquela mesma noite, deixando-nos em choque e com uma tristeza profunda. A perda dele foi um golpe devastador.

Após a morte do nosso pai, tivemos de deixar a escola para trabalhar e ajudar a sustentar a casa. Fomos explorados por pessoas que se aproveitaram da nossa vulnerabilidade. A nossa infância foi sacrificada em nome da sobrevivência.

Em meio a tantas dificuldades, encontramos conforto na fé. Fomos convidados a frequentar uma igreja, onde conhecemos Jesus como Senhor e Salvador. Isso tornou a nossa luta mais suportável. Acreditávamos que Deus estava connosco, e isso deu-nos força para enfrentar os desafios.

Com fé renovada, decidimos voltar ao Iris Global em busca de ajuda. Conhecemos Augusto Lopes, gerente de operações da organização, que ouviu a nossa história com atenção. Ele explicou que muitas pessoas pedem ajuda sem necessidade real, mas estava disposto a apoiar-nos.

O Iris Global deu-nos um apoio essencial: ajudaram-nos a voltar à escola e conseguir um pequeno trabalho para ajudar com roupas e alimentos. A nossa mãe também conseguiu voltar para casa, trazendo alívio e esperança.

As condições de vida melhoraram, embora ainda houvesse muito para mudar. Sentíamos que dávamos passos rumo a uma vida melhor, aproximando-nos dos nossos sonhos.

Terminámos o ensino secundário com bons resultados, apesar das dificuldades. Nunca perdemos a fé de que o nosso futuro estava nas mãos de Deus.

Sonhávamos entrar na universidade para estudar Relações Internacionais, mas as finanças eram um obstáculo. Na altura, o Iris Global não tinha recursos para cobrir as propinas, mas continuaram a apoiar os nossos estudos. Os sonhos pareciam distantes, mas a fé nunca nos abandonou.

Fomos incentivados a fazer uma formação em Educação Física. Com esforço e dedicação, concluímos o curso e tornámo-nos professores de Educação Física — um grande avanço para as nossas carreiras.

Além disso, também nos tornámos árbitros profissionais de futebol, trabalhando com a equipa nacional de Moçambique. Usamos as nossas habilidades para contribuir para o desporto que sempre amámos.

O sonho de estudar Relações Internacionais permanece vivo, e continuamos a trabalhar para alcançá-lo. Acreditamos que, com fé e esforço, tudo é possível.

Entusiasmados pelas nossas experiências, decidimos ajudar crianças com deficiências motoras e físicas. Queremos usar exercícios físicos e massagens para melhorar a qualidade de vida dessas crianças.

Pedimos ao Iris Global recursos para iniciar um programa de assistência a crianças com necessidades especiais. O ministério reconheceu o nosso empenho e decidiu apoiar esta iniciativa.

Trabalhamos há três anos no Iris Global, em Zimpeto, aplicando nossos conhecimentos e vendo melhorias significativas na coordenação motora e equilíbrio das crianças. Nosso trabalho é fonte de desenvolvimento e inspiração.

Além disso, ensinamos Educação Física na escola da base, promovendo a importância da atividade física e da saúde. Continuamos a trabalhar nos nossos sonhos. Sentimos também o desejo de continuar a expandir os nossos programas para alcançar mais crianças, e queremos obter novas qualificações para melhorar ainda mais as nossas competências. A busca por conhecimento e o melhoramento de competências são uma parte essencial do nosso percurso.

Quando olhamos para a nossa trajetória, percebemos o quanto já percorremos desde os tempos difíceis da infância.

O Iris Global foi crucial em nossas vidas. Seu apoio ajudou-nos a superar as dificuldades e alcançar objetivos. Somos gratos pela ajuda e queremos ser uma prova viva do impacto positivo do apoio comunitário.

Hoje, partilhamos as nossas histórias para encorajar outros. Mostramos que, mesmo nas piores circunstâncias, fé, dedicação e apoio podem transformar vidas e comunidades.

A nossa caminhada é uma história inspiradora de vitória e resiliência. Embora a infância tenha sido difícil, somos hoje exemplos respeitados de fé e determinação.

Lembramos que, com esforço e ajuda, qualquer obstáculo pode ser superado e sonhos alcançados.

Miguel quando era um rapaz jovem

Lourenço quando era um rapaz jovem

Árbitro de futebol internacional

Entrevista na TV

Graduação da Universidade – com a sua Mãe

Na igreja – rumo à América na próxima semana

CAPÍTULO 23

A história de Ana Samu

O MEU NOME é Ana Malunguissa Samu. Nasci em 1953 e tenho setenta e um anos. Sou mãe de cinco filhos e nasci no Zimbabué.

A minha mãe morreu quando eu tinha 12 anos, e o meu pai morreu quando eu tinha 15 anos. Não pude ir à escola porque não tinha dinheiro nenhum. No entanto, a minha tia e o meu tio cuidaram de mim. Ele era criador de gado, mas não havia muito dinheiro em casa.

Ajudei o meu tio durante três anos com as vacas. Depois desses anos, ele deu-me uma vitela que cuidei até estar crescida o suficiente para a vender. Com esse dinheiro comprei uma casa pequena e continuei a trabalhar como criadora de gado. Vivi sózinha nessa casa durante algum tempo .

Tinha 18 anos quando me casei com o meu primeiro marido. Tive dois filhos com esse homem. O meu primeiro marido batia-me muito, por isso a minha família disse-me para me separar dele.

Continuei a viver sózinha na minha pequena casa. Depois conheci um homem que era soldado do exército Moçambicano da Frelimo. Em 1980, fomos viver para Moçambique. Vivíamos perto da fronteira com o Zimbabué, mas em território moçambicano. Nessa altura, Moçambique estava em guerra civil, um conflito que durou 16 anos. Muitas vezes, tivemos de fugir de casa e esconder-nos no mato, porque a Renamo (o exército da oposição) combatia perto da fronteira e matava os soldados da Frelimo. Éramos muito pobres, vivíamos no mato, e estavamos sempre a mudar de sítio para sítio para que ele não fosse encontrado pela Renamo. Dormíamos debaixo das árvores e, por vezes, ficávamos sem comer nem beber três ou mais dias. Tínhamos tanta sede que nem conseguíamos engolir, e as nossas bocas estavam tão secas que tínhamos de beber a nossa própria urina.

Às vezes comíamos ervas e plantas do mato só para termos algo no estômago. Uma das minhas amigas mais próximas, que estava com o marido (que também era soldado), morreu nessa altura por causa da fome e da sede. Esse tempo foi muito difícil para mim. Algumas das mulheres fugiram dos maridos, mas eu fiquei com o meu.

Os meus filhos nasceram no mato, onde não havia qualquer tipo de assistência médica para partos. Graças a Deus que todos os meus filhos nasceram com saúde.

Muito mais tarde, o meu marido foi transferido para outras províncias, incluindo Tete, Niassa e Nampula. Tive três dos meus quatro filhos nessas províncias. Apenas o meu filho mais novo nasceu em Maputo.

Lembro-me de quando nos mudámos de Tete para Nampula-Lichinga. Nessa viagem, houve um ataque de bandidos armados e muitas pessoas perderam a vida. No entanto, graças a Deus, as nossas vidas foram poupadas e chegámos a Nampula em segurança.

Em 1998, saímos finalmente de Nampula para Maputo, para o bairro de Maguanine, onde nasceu o meu último filho. O meu marido deixou então o exército para trabalhar com o governo na área da imigração. Finalmente pensei que tudo ía correr bem com a nossa família.

Fiquei com esse marido até 2012, altura em que ele me deixou para casar com outra mulher. Isto foi muito difícil, porque eu estive ao lado dele durante muito tempo, numa altura de grande sofrimento durante a guerra – e pensava que iríamos ter uma boa vida.

Tudo começou em 2001, quando o meu marido começou a sair de casa durante longos períodos de tempo, deixando-me sózinha com todas as crianças. Foi uma época muito difícil, pois estavamos a passar muita fome e a enfrentar muitas dificuldades. Foi nessa altura que comecei a fazer trabalhos em casas comunitárias em troca de comida, e de alguma roupa ou dinheiro para apoiar os meus filhos.

Em 2004, fui à casa da Mana Ana Jamu. Lá encontrei oito crianças do centro do Ministério Iris em Zimpeto que viviam com ela. Aquelas crianças estavam sob a tutela do Ministério Iris e anteriormente tinham vivido na casa do Papa Steve e da Mana Rosa. Estas oito crianças não eram filhos biológicos do Papa Steve e da Mana Rosa.

Depois de vários anos a cuidar dessas crianças na sua própria casa, o Papa Steve e a Mana Rosa queriam que as crianças experimentassem a vida normal moçambicana na comunidade. Eu pude constantar que as crianças eram amadas e bem cuidadas.

Foi nessa altura que a Ana Jamu me deu algum trabalho, eu ajudava-a na casa comunitária. Vivemos lá durante três anos e depois, em 2007, as oito crianças, a Ana e eu mudámo-nos de volta para o centro Iris em Zimpeto.

Quando chegámos ao centro, a Mana Rosa recebeu-me e disse para eu me sentir em casa. Quando comecei este trabalho, encontrei paz. Quero agradecer ao Papa Steve e à Mana Rosa por aquele primeiro dia, quando a Mana Rosa me disse: "Bem-vinda à nossa casa, trabalha em paz, connosco." Aquelas palavras elevaram o meu espírito e deram-me coragem e força para trabalhar com todo o meu coração.

Eu estava muito feliz ali porque tinha um trabalho muito bom a cuidar das crianças, com amor. Nos dias seguintes, a Mana Rosa disse-me para me alegrar muito pelo que Deus me tinha dado. Essas palavras tocaram profundamente o meu coração. Desde esse dia eu entendi que com o meu trabalho eu estava a cumprir uma missão que Deus me tinha confiado. Amo o trabalho que Deus me deu.

Quando comecei a trabalhar com as oito crianças, elas tinham entre sete e oito anos de idade. Agora, em 2024, já são todas adultas e já não vivem na base do Iris em Zimpeto. Graças a Deus que todas aquelas crianças ainda me amam e respeitam, e tenho um bom relacionamento com elas agora que já são crescidas. Deus deu-me este trabalho e tenho trabalhado sem qualquer tipo de problema.

Desde 2019, quando a última criança saiu da casa do Papa Steve e da Mana Rosa, foi-me oferecido trabalho na pré-escola, na área das raparigas e, mais recentemente, no dormitório das raparigas mais velhas.

Em 2023, com setenta anos, eu estava na altura da minha reforma. No entanto, devido à generosidade do Papa Steve e da Mana Rosa, continuei a ajudar as raparigas mais velhas na casa de transição. Vou reformar-me oficialmente no final de 2024.

Agradeço a Deus pela vida do Papa Steve e da Mana Rosa, pois deram-me a oportunidade de trabalhar com as crianças e de as amar rumo aos seus futuros. O amor e o carinho que sempre me deram ajudaram-me a compreender melhor a vida. Vou à igreja todos os dias e agradeço a Deus pela Sua fidelidade para comigo ao longo de toda a minha vida.

Vou reformar-me em breve. Tenho esperança de poder ter um pequeno negócio, e uma loja pequena para vender coisas, ou criar galinhas para ganhar dinheiro.

Muito obrigada ao meu Deus.

Ana Samu com Ana Etel, Lija (uma das oito crianças) e a Mana Ros

Ana com algumas das raparigas mais velhas

Mana Ros, Ana Samu, Papa Steve e Ana Etel

CAPÍTULO 24

A história de Nilza Vincent

O MEU NOME é Nilza Sequina Vincent. Eu nasci em 1986 na província de Maputo, Moçambique.

Quando a minha mãe me deu à luz, era menor de idade, tinha apenas doze anos. O meu pai não aceitou a gravidez e a minha mãe teve de aguentar sozinha o peso da situação.

A minha mãe teve um estilo de vida desequilibrado durante a gravidez. Bebia muito e não ficava em casa. Quando nasci, ela não ficou comigo. Deixou-me com outros familiares antes de eu completar um ano, mas eles não tinham tempo para cuidar de mim.

A minha família dizia que a minha mãe não tinha tempo para cuidar da filha, que só tinha tempo para beber. Por isso, ninguém queria saber de mim.

Um dia, a irmã da minha avó viu a difícil situação que eu estava a passar e decidiu levar-me para viver com ela. Quando eu tinha apenas sete anos, ela faleceu. Isso foi muito triste para mim, pois ela era como uma mãe. Por essa razão, tive de voltar para onde vivia dantes.

Voltar para lá foi aterrorizante para mim. Quando cheguei, a minha mãe tinha ido para a África do Sul à procura de melhores condições de vida.

Fiquei com a família da minha mãe: dois tios, uma tia e a filha dela. A minha tia maltratava-me, pois tinha inveja, porque a minha mãe estava na África do Sul "a comer bem", mas não conseguia cuidar da sua filha biológica.

Durante esse tempo, a minha tia batia-me. As pessoas viam o que a minha tia me fazia e iam contar à minha mãe que a filha dela estava a sofrer.

A minha mãe mandou alguém levar-me para a África do Sul ilegalmente. Quando cheguei à África do Sul, descobri que a minha mãe tinha um novo bebé e eu tinha uma irmã.

O pai da minha irmã não vivia com a minha mãe. A minha mãe não tinha nenhum emprego e vivia da prostituição. Sempre que saía para trabalhar, eu tomava conta da minha nova irmã. Quando chegava a casa, dizia que eu não estava a cuidar bem dela e batia-me. Isso acontecia todos os dias. A parte mais triste é que ela me batia e, no dia seguinte, não se lembrava de o ter feito.

Chegou um dia em que a minha mãe me disse para roubar dinheiro a uma vizinha. Eu disse-lhe que não podia roubar. Ela respondeu: "Se te recusares a roubar o dinheiro, vou mandar-te embora de casa."Com muito medo, lá fui à casa da vizinha e roubei o dinheiro, para que a minha mãe não me mandasse embora. A vizinha percebeu que já não tinha o dinheiro em casa e sabia que a minha mãe me tinha mandado roubar. Como resultado, fomos despejadas da casa que a minha mãe estava a alugar.

Estava tão cansada de todos os dramas e traumas que vivi com a minha mãe, que pedi para ela me mandar de volta para Moçambique. Ela aceitou e mandou alguém para vir comigo de volta para Moçambique. Tinha dez anos quando regressei para a casa da minha tia.

A minha outra tia, que é irmã da minha mãe, pediu-me para viver com ela na Machava e ajudar a cuidar do filho dela. No entanto, não fiquei muito tempo com ela, porque não queria matricular-me na escola, por isso não podia estudar. Voltei a viver na casa da família novamente. A minha tia que me maltratava já não vivia lá, porque não tratava bem o irmão dela. Portanto, na altura, estavam apenas os meus dois tios e eu nessa casa. Continuei a cuidar da casa. Cozinhava e lavava a roupa dos meus tios. Nessa altura, tinha doze anos e era muito difícil sair de casa. Sempre que tentava sair, o meu tio batia-me. Estava realmente farta de me baterem em todos os lugares onde vivia.

Decidi procurar a casa do meu pai, que não era muito longe. Quando encontrei a casa do meu pai, encontrei também o meu tio, o irmão dele. Ele acolheu-me na casa dele e fez-me muitas perguntas. Eu disse-lhe que queria falar com o meu pai, e ele disse-me que o meu pai tinha morrido. Perguntei ao meu tio se podia viver com ele na casa do meu pai. Ele concordou e disse que eu não precisava mais de voltar à outra casa.

Nessa altura, eu tinha treze anos. Não podia ir à escola porque não havia dinheiro. Para me sustentar, fazia chamussas para vender. Isso ajudava com todas as despesas da casa.

O meu tempo na casa do meu tio foi o pior de todas as casas onde vivi. Todos os problemas que aconteciam naquela casa eram culpa minha. Viver com o irmão do meu pai foi uma das piores experiências da minha vida. Lá perdi toda a esperança e sabia que não podia voltar para a outra casa da família.

No entanto, em 1999, um outro familiar, que trabalhava como professor no Ministério Iris, ficou a par da minha situação. Ele falou com o meu tio sobre a possibilidade de eu ir estudar na escola do Ministério Iris, e o meu tio aceitou a proposta.

Comecei a estudar lá aos catorze anos. As coisas não estavam a correr bem em casa, por isso pedi ao diretor do Ministério Iris se eu podia viver na base.

Viver na base em Zimpeto foi a melhor coisa que me aconteceu na vida. Mantinha-me calada e apenas sorria para todos. Estava determinada a não me meter em problemas e a não ter amigos. Ficava no meu canto e não provocava ninguém, nem deixava que os outros me provocassem. O tempo passou e conheci uma missionária chamada Mana Corrie. A Mana Corrie e a Mana Rika abriram a Casa dos Bebés no ano 2000, pois antes não havia casa de bebés e todos os bebés viviam na área das raparigas.

A Mana Corrie convidou-me para ajudar com os bebés. Isso foi uma grande alegria para mim, porque adorava brincar e cuidar dos bebés. Agora já tinha quinze anos. Os bebés tornaram-se os meus amigos e trouxeram-me muita alegria.

Muitas coisas mudaram na minha vida para melhor. Recebi Jesus como meu Senhor e Salvador. Enquanto trabalhava na Casa dos Bebés, conheci uma visitante da América chamada Barbara, e dávamo-nos muito bem. Ela convidou-me para ir ao Havai para uma visita.

Em 2005, viajei para o Havai e, enquanto estava lá, recebi a notícia de que a minha mãe tinha perdido a vida. Ela tinha estado muito doente antes de morrer. Agora eu era uma órfã, sem mãe nem pai. Mas isto não fez nenhuma diferença para mim, pois nenhum deles teve verdadeiro amor por mim.

Foi muito bom estar no Havai durante um mês. Na altura, eu tinha dezassete anos.

Depois de voltar do Havai, continuei a estudar e completei o décimo ano. Aos vinte e um anos, parei de estudar.

Em 2009, casei-me com o meu marido, Florindo. Depois, em 2011, comecei a ajudar com as consultas na clínica do Ministério Iris. Marcava as consultas para as crianças que eram HIV positivas e acompanhava-as às consultas na cidade. Continuo a fazer este tipo de trabalho desde essa altura. Adoro trabalhar com crianças.

Além desse trabalho, tenho um negócio de serviço de alimentação (catering). Faço bolos e preparo refeições para festas. Já completei vários cursos de culinária.

Em 2015, fui batizada e, desde então, sou voluntária numa igreja local em Khongolote. Coordeno também as aulas da Escola Dominical.

O Florindo e eu vivemos numa vizinhança perto da base em Zimpeto e temos três filhos, todos rapazes, e são pessoas muito bonitas. O Florindo e eu amamo-los muito.

A minha vida não tem sido fácil, mas estou grata a Deus pelo que a Sua Palavra diz em João 16:33: "Eu disse-vos estas coisas para que, em Mim, tenhais paz; no mundo tereis aflições, mas tende bom ânimo, Eu venci o mundo."

Obrigada pela oportunidade de partilhar o meu testemunho. Oro para que a graça de Deus esteja com todos os que lerem esta história.

Nilza quando era criança   *Nilza e Florindo no dia do Casamento*

Fotos da família

CAPÍTULO 25

A história de Felismina Almeida

CHEGUEI AO ARCO-ÍRIS em Zimpeto quando tinha quatro anos, em julho de 2004. Fui levada para o centro por um membro da família (uma tia, penso eu) que dormia nas ruas, debaixo de um banco, onde vendia frutas e legumes.

Na altura, eu pesava apenas oito quilos. Não sabia andar e não conseguia falar. Ninguém achava que eu iria conseguir aprender a andar ou a falar, porque eu era tão frágil e pequena.

Vivi na Casa dos Bebés com mais 30 crianças pequenas. Uma menina, a Carmina, tornou-se minha amiga e protetora. Mesmo hoje, 20 anos depois, ela continua a ser uma das minhas melhores amigas.

Lembro-me que, quando era pequena, tinha problemas de visão, e ia ao hospital de ambulância para as consultas. Sem saber ao certo o que se passou, a minha visão melhorou e, agora que já sou adulta, vejo bem.

Não fui à escola até ter 8 anos, e mesmo assim, só ia por um tempo, porque ainda era muito frágil e pequena. Lembro-me de aprender a escrever num quadro de giz no jardim e de começar, aos poucos, a aprender. No final do meu primeiro ano de escolaridade, ganhei um prémio por ser a melhor aluna da turma. Eu sou muito pequena. Mesmo agora, com 24 anos, visto roupa para crianças de 11 a 12 anos. Estes são os efeitos da desnutrição e significam que o meu corpo não cresceu. Tenho os ossos fracos, a coluna curvada e sinto dificuldade em caminhar longas distâncias, mas isso não tem importância.

O meu versículo favorito da Bíblia é Marcos 10:27: "... tudo é possível para Deus", e sei que há muitas coisas que aconteceram na minha vida porque Deus as tornou possíveis.

Quando comecei a ir à escola, pensávamos que eu iria estudar até ao quinto ano e aprender a ler e escrever um pouco. Quando cheguei ao quinto ano, passei, e depois decidimos que eu iria estudar até aos exames nacionais do sétimo ano. Passei nesses exames e, embora algumas pessoas achassem que eu deveria terminar a escola, eu queria continuar! As minhas matérias favoritas eram Português, Inglês e Biologia.

Durante esses anos, juntei-me ao programa de costura do centro. Mais uma vez, muitas pessoas achavam que aprender a costurar seria demasiado difícil para mim, mas uma missionária chamada Mana Betty ajudou-me e incentivou-me. Ela ensinou-me a usar a máquina de costura e sempre me deixava fazer os mesmos projetos de costura que as outras raparigas. Agora tenho a minha própria máquina de costura em casa. Continuo a participar no programa de costura sempre que estou de férias.

Continuei a estudar, mas depois, quando veio a COVID, todas as escolas em Moçambique fecharam. Tinha reprovado algumas das minhas disciplinas do décimo ano antes da COVID, o que significava que tinha de fazer os exames novamente um ano depois. Depois, com o fecho das escolas devido à COVID, demorou-me mais um ano (três anos no total) até eu passar o décimo ano.

Mais uma vez, todos pensaram que eu deveria parar, mas eu queria continuar a estudar até ao décimo segundo ano. Em novembro de 2023, aos 23 anos, terminei a minha educação secundária. Fiz os mesmos exames que todos os outros e passei! A minha escola organizou um grande baile de estudantes, onde todas as raparigas usaram vestidos roxos/lilases (a minha cor favorita). Dançámos, cantámos e comemos, e recebemos os nossos certificados finais. Eu também ganhei um prémio pela minha persistência e atitude positiva ao longo dos meus anos de escola.

Fui muitas vezes escolhida para representar a escola quando recebíamos visitas, devido à minha atitude alegre e positiva em relação à vida, apesar das minhas dificuldades físicas e de saúde. Uma das minhas memórias mais especiais foi quando fui apresentada à Primeira-Dama de Moçambique, Isaura Nyusi, aquando da sua visita à escola.

Tive muitas dificuldades a crescer durante estes anos de escola. Os meus primeiros anos de desnutrição afetaram permanentemente os meus ossos, e vivo com escoliose e osteoporose. Duas vezes por ano, visito um médico na África do Sul para verificarem se há alguma mudança no meu corpo.

Durante todos estes anos, vivi com uma das missionárias que está no Iris há muitos anos, a Mana Tracey. Ela começou a cuidar de mim quando eu era pequena (cheguei ao centro quando ela estava a fazer uma visita, vinda de Inglaterra) e vivi com ela e outras duas raparigas desde então.

Quando tinha sete anos, ela conseguiu obter um passaporte para mim e comecei a visitar a África do Sul.

Em 2015, fui a Inglaterra com ela e com a minha "irmã" (Sina). Nunca tinha andado de avião, mas estava muito entusiasmada e adorei a viagem. As minhas melhores memórias dessa época foram visitar Londres, ver o Castelo de Windsor, andar nos autocarros que diziam "Next Stop!" e conhecer muitas, muitas pessoas que tinham orado por mim e pelo Iris em Zimpeto. Espero poder voltar lá um dia para visitar.

O Salmo 23 é outra das minhas passagens favoritas da Bíblia, porque diz que não me faltará nada. Sei que Deus tem sido muito fiel ao proteger a minha vida e providenciar tudo o que necessito.

As minhas limitações físicas de saúde são sempre uma dificuldade. Caio frequentemente e já fui várias vezes ao hospital de emergência, e precisei de levar alguns pontos, mas, até agora, não parti nenhum osso. Quando estou na cidade, sei que as pessoas param e olham para mim, especialmente nos centros comerciais.

Pareço muito diferente das outras pessoas da minha idade, mas adoro roupas da moda e maquilhagem.

Quando terminei a escola, tive de decidir o que fazer a seguir. Uma ideia era ajudar em alguma área na base do Iris em Zimpeto, mas eu queria estudar! Queria mesmo ser enfermeira e cuidar dos outros. Falei com muitas pessoas e todos me disseram que enfermagem seria demasiado difícil para mim. Fiquei um pouco triste, pois era o meu sonho.

A Mana Tracey e o Mano Dalberto ajudaram-me a procurar outras opções e, finalmente, encontrámos um curso em Ciências da Nutrição. O único problema é que o curso ficava no centro da cidade e seria difícil chegar lá. Como diz a Bíblia: "Posso todas as coisas em Cristo" – e agora sou estudante do 1.º ano, e estou a fazer um curso que me permite cuidar dos outros. Viajo para o centro de Maputo todos os dias.

Acordo às 4h da manhã para apanhar um autocarro escolar/privado às 4h50 e tomo o pequeno-almoço quando chego ao Instituto. As minhas aulas são das 7h30 às 12h20 todas as manhãs, e depois apanho o transporte público para casa. Alguns dos motoristas de autocarro já me conhecem e até guardam um lugar para mim. Às vezes, nem preciso de pagar!

Estudo Bioquímica, Antropologia, Anatomia, Saúde Pública, Biologia e Inglês (para Serviços de Saúde), e o meu módulo favorito é Bioquímica.

Quando cheguei ao Iris em Zimpeto, era uma criança muito doente e desnutrida, e ninguém, a não ser Deus, poderia ter imaginado o que a minha vida iria ser 20 anos depois. Acho que ninguém imaginou que eu ainda estaria viva. Deus sempre teve um bom plano para mim. Aprendi muito sobre Ele enquanto crescia no centro e, em 2022, fui baptizada como sinal do meu compromisso para com Ele.

Uma das minhas canções de adoração favoritas, que cantamos frequentemente na nossa igreja, chama-se "Yesu Wakanaka", e significa "Jesus é MUITO bom".

Eu sei! Ele tem sido muito bom para mim.

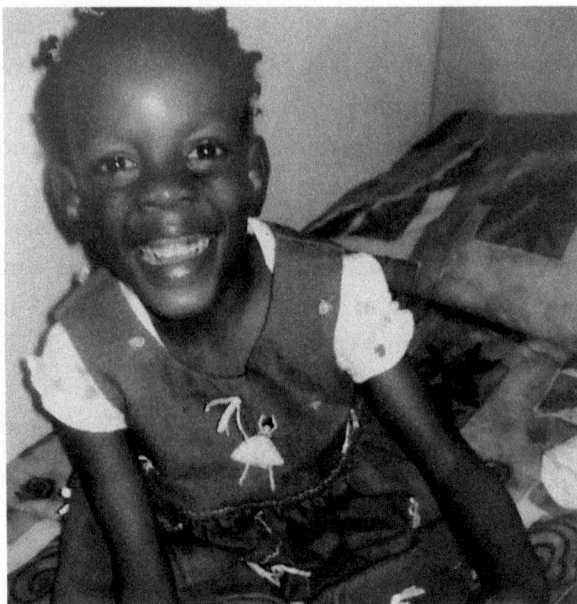

Felismina quando era criança

Tempos de escola

Em casa com a Mana Tracey e as raparigas

Graduação da escola

CAPÍTULO 26

É tudo acerca de Jesus

DEBATI-ME DURANTE MUITO tempo sobre como concluir este livro.

Houve sugestões para que eu escrevesse uma breve história de Moçambique, ou talvez simplesmente terminar com um versículo, ou incluir mais alguns testemunhos, mas eu gostava de terminar partilhando algo sobre o milagroso.

O ministério Iris foi fundado com base em cinco valores centrais, sendo um deles a dependência do milagroso: o poder de Jesus.

> "Em verdade, em verdade vos digo: quem crê em mim fará também as obras que eu faço; e as fará maiores do que estas, porque eu vou para o Pai. E tudo o que pedirdes em meu nome, isso farei, para que o Pai seja glorificado no Filho. Se pedirdes alguma coisa em meu nome, eu o farei." *(João 14:12-14)*

> "Jesus tem muito poder. Jesus não é apenas um homem maravilhoso, e não é apenas um bom exemplo. Quando

estamos a enfrentar situações difíceis, precisamos de alguém que seja mais do que um simples exemplo, precisamos do Senhor. Ele tem vida e PODER. Se eu amar Jesus completamente, então vou valorizar o Seu poder. Queremos que tudo no Iris seja miraculoso. Isso inclui o dinheiro, a comida, a vida e o ar que respiramos, etc. A forma como o Iris funciona, e onde chegámos até hoje, é porque temos olhado para Jesus sempre. Seja um cego que agora vê, uma criança desnutrida que foi alimentada, um bebé abandonado que amamos para a vida, ou milhões de dólares necessários, os milagres são necessários todos os dias." *(Rolland Baker)*

Vemos muitos milagres em Moçambique, porque o povo sabe que realmente precisa de milagres. Os 25 testemunhos neste livro são todos encontros milagrosos com um Deus real que se importa.

Como sabem, o primeiro milagre que Jesus fez foi num casamento em Caná, onde Ele transformou água em vinho (João 2:1-11). A pergunta que eu faço é: "Por que é que Jesus fez isso?" Por que é que Ele transformou a água em vinho? Por que é que Ele não ressuscitou um morto, ou procurou um homem coxo no casamento e fez com que ele andasse?

Com tantos problemas grandes que existem, quem é que realmente se vai importar que não haja vinho suficiente numa festa de casamento? Vivemos num mundo onde há muitas pessoas e muitos problemas grandes — guerras, fome, inundações, doenças, desemprego, e muitos outros. Por que razão é que Deus se iria interessar pelos nossos pequenos problemas, como, por exemplo, se há ou não vinho suficiente num casamento?

Transformar a água em vinho foi um milagre simples e prático, que mostra a preocupação de Jesus com os nossos problemas normais e pequenos do dia a dia.

Será que os nossos problemas são demasiado pequenos para Ele? É verdade que há sempre pessoas em situações piores do que as nossas. Podemos estar constipados, mas há alguém que tem cancro. Podemos achar que a nossa casa é pequena, mas milhares de pessoas perderam as suas casas durante as cheias de Moçambique quando chegámos no ano 2000. Às vezes não conseguimos encontrar um emprego, mas há outros que não têm mesmo nada, e que realmente estão a passar fome.

No entanto, foi por isso que Jesus transformou a água em vinho: se algo é importante para nós, é importante para Jesus. Isto é verdade tanto para os mais pobres em Moçambique, como para aqueles de nós que vivem num ambiente confortável no Ocidente. Jesus importa-se realmente com as coisas comuns das nossas vidas.

Vamos agora olhar para um grande milagre. Adoro a história de Lázaro — é uma grande história de milagre (João 11:38-44). Há duas partes distintas nesta história, e ambas requerem a nossa total atenção.

Em primeiro lugar, Lázaro estava morto. Ele já estava no túmulo há quatro dias — ele estava mesmo MORTO!! Portanto, o que Jesus fez foi grandioso. Um milagre real e 100% completo. Um milagre espetacular. Se Jesus fez isso, Ele também quer que nós façamos o mesmo. Temos de orar pelos doentes, que os cegos vejam, que os coxos andem, que os cancros sejam curados e que os mortos ressuscitem. Nós oramos, mas é *Jesus* quem faz o milagre.

Quando percebemos que é Jesus quem faz o milagre, isso tira toda a pressão de nós.

Às vezes passamos tanto tempo a focar no que fazemos no natural — o ambiente, a música, a apresentação, a maneira como oramos, o que oramos, a condição disto ou daquilo — mas, na verdade, tudo é acerca DELE. Ele faz os milagres. O milagroso acontece quando encontramos a Sua presença.

Em segundo lugar, há algo que podemos fazer para além de orarmos. Jesus disse aos que estavam à volta do túmulo: "Tirai-lhe as ligaduras e deixai-o ir." (v. 44) Estão a ver? Jesus faz o milagre, e nós tiramos as ligaduras. Não é uma coisa ou outra — são ambas. Pedimos a Jesus para fazer o milagroso, e depois tiramos as ligaduras.

Em Moçambique, passamos a maior parte do nosso tempo a remover ligaduras.

Por exemplo: construímos casas, fornecemos clínicas comunitárias, uma escola comunitária, um programa de leite para bebés, e um programa de caixas de alimentos (damos uma caixa de alimentos básicos a 40 famílias todas as semanas).

Portanto, encorajo-vos a orar pelos outros — seja orar por um dedo do pé que está a doer, por um cancro terminal, por uma dor de cabeça, por uma pessoa sem emprego, por uma pessoa solitária, por uma família com fome ou por uma pessoa cega — tudo é importante para Jesus.

Ele quer fazer os milagres. E quanto ao milagre que você mesmo precisa, determine-se a fazer algo — não fique apenas sentado à espera. As pessoas removeram as ligaduras de Lázaro. Tal como aqueles ao redor de Lázaro, ajude também a remover as ligaduras.

Não desvalorize o que Deus faz: Seja água transformada em vinho, uma dor de cabeça que desaparece, alguém sentir-se mais feliz, ou os mortos serem ressuscitados — são tudo milagres.

STEVEN LAZAR é missionário do Iris Global em Moçambique. Steven e sua esposa Rosalind servem no centro infantil como voluntários desde 2001. Ambos têm uma paixão por crianças e desejam vê-las crescer no amor por Jesus, oferecendo-lhes a oportunidade de estudar, ter boa saúde e nutrição, além de um futuro melhor. Quando não estão em Moçambique, Steven e Rosalind gostam de viajar e passar tempo com a família na Austrália e no Canadá.